T0099844

Copyright © 2011 Angelica Villaseñor.

All rights reserved. No part of this book may be used or reproduced by any means, graphic, electronic, or mechanical, including photocopying, recording, taping or by any information storage retrieval system without the written permission of the publisher except in the case of brief quotations embodied in critical articles and reviews.

ISBN: 978-1-4497-2235-7 (sc)
ISBN: 978-1-4497-2237-1 (e)
ISBN: 978-1-4497-2236-4 (hc)
Library of Congress Control Number: 2011912937

WestBow Press books may be ordered through booksellers or by contacting:

WestBow Press
A Division of Thomas Nelson
1663 Liberty Drive
Bloomington, IN 47403
www.westbowpress.com
1-(866) 928-1240

Because of the dynamic nature of the Internet, any web addresses or links contained in this book may have changed since publication and may no longer be valid. The views expressed in this work are solely those of the author and do not necessarily reflect the views of the publisher, and the publisher hereby disclaims any responsibility for them.

Any people depicted in stock imagery provided by Thinkstock are models, and such images are being used for illustrative purposes only.

Certain stock imagery © Thinkstock.

Printed in the United States of America

WestBow Press rev. date: 8/25/2011

Mi Caminar con Dios

Angélica Villaseñor

WESTBOW
PRESS
A DIVISION OF THOMAS NELSON

Contenido

Agradecimientos

Mi amado Señor...

En este día tomo este tiempo para dedicarlo a ti
y rendírtelo como parte de mi adoración.

Sé que he sido rebelde, mas sin embargo, tu misericordia me ha
alcanzado desde el principio hasta el final de la escritura de
este libro que está totalmente dedicado a ti y a tu obra.

Te agradezco que me hayas elegido para ser las manos que
dieran cuerpo a este libro y por medio de lo ya escrito, las
personas puedan tener un encuentro personal contigo y disfruten
de tu presencia, así como me lo has permitido a mí.

Gracias por ser mi padre, mi amigo y mi confidente...

Gracias por ser mi novio y por llenarme de
paz, la paz que solo tú me puedas dar.

A mis padres...

Gracias mi Dios, porque me has dado padres que me han formado con
valores que no se pueden quebrantar... Gracias por poner mi vida en
sus manos y usarlos para que sean parte de tu glorioso plan, gracias
porque ellos me educaron y me proveyeron y siguen apoyándome
en mis proyectos y son una parte muy importante de mi vida.

A mi madre…

Quien ha estado siempre conmigo en cualquier
momento y cuando más la necesito.

Gracias por ser la mejor madre que Dios me pudo haber dado…

A mis hermanas y mi hermano Diego…

Aunque en ocasiones existen discusiones interminables, Dios nos
ha sellado con la misma sangre y les amo con el corazón…

A Dora López…

Mi mentora, mi amiga, la hermosa y sabia mujer que Dios ha puesto
en este caminar para que las cenizas de mi vida se hayan convertida
en rosas con exquisita fragancia…y quien además contribuyó de una
manera muy especial para la publicación y escritura de este libro!

A Desert Images Video Productions…

Gracias Marlen y Jesús Corona por ser parte de esta aventura
ya que sin sus talentos fotográficos y sin ese gran apoyo
que me brindaron este libro no sería lo mismo…

A mi futuro esposo…

Dios me ha dado su promesa de que serás un hombre especial,
diferente y único… lleno de su presencia, sabiduría y fortaleza,,,
tierno para amar e implacable para proteger nuestro hogar…
este libro es dedicado a ti, porque su palabra dice que hayamos
de buscar su reino y todo se dará por añadidura…mas sin
embargo, sé que no serás una añadidura, mas serás, el hombre
que Dios hizo para mi… El hombre perfecto para mi….

Agradecimientos Especiales

Pastores Víctor y Elizabeth Venalonzo

Por ser obedientes a Dios y haber venido a nuestra congregación para guiarnos al siguiente nivel al que Dios quiere llevarnos...por ser un matrimonio fuerte y entregado en cuerpo y alma a la obra de Dios...

Gracias pastor por ser un apoyo tan grande al realizar el prólogo de este libro y por toda la guianza y conocimiento que nos has brindado y transmitido a mí y a toda nuestra congregación.

Salvador López...

Por ser un hombre con infinito conocimiento y lucidez. Por conservar ese espíritu limpio y sincero que atrae a otros a la presencia de Dios... Por ser el hombre fiel y el hombre que ha hecho inmensamente feliz a mi gran amiga: Dora López... Gracias por todo el apoyo brindado en este caminar y por todas las sugerencias realizadas para que este libro sea aun más significante...

Prólogo

En numerosas ocasiones se ha comentado que el cristianismo es Cristo. Él es la piedra angular de la fe cristiana. Más sin embargo, no siempre se anuncia el significado y la obra de Cristo. ¿Cómo puede haber Evangelio auténtico si el Cristo de Dios no es anunciado?

Todo individuo que vive en este mundo, es el resultado de muchas fuerzas que lo moldearon a lo largo de todo el proceso que llamamos la existencia humana. La escritora no es una excepción. Si la autora ha llegado a producir este libro, es como consecuencia de muchas fuerzas que la llevaron hacia el camino del servicio y el liderazgo cristiano.

El lector probablemente se sorprenderá al saber que este libro es la "Victoria de Cristo", ya que, como autobiográfico, este libro llevará al lector a caminar en la vida de la escritora, pero ante todo, a la Victoria de Jesús sobre su vida.

Este libro es autobiográfico porque trata de la familia, amigos y compañeros con los que Angélica ha tenido que ver en la última década. Desde que la conozco y desde que leí su escrito y ponderé sus pensamientos y acciones, ellos me han inspirado al saber que el Mesías Jesucristo sigue, en este siglo XXI cambiando y discipulando personas de todos los extractos sociales a SU Imagen.

Es indudable que este libro llegará a ser una gran bendición para el pueblo evangélico y un medio eficaz para que muchas personas lleguen a conocer personalmente a Cristo. ¡Que a Él «sea la alabanza, la honra, la gloria y el poder, por los siglos de los siglos»! Amén.

Víctor Venalonzo, M.Div.
Pastor Iglesia Betania

Capítulo I

⌒✿⌒

Buscando la luz de la existencia Paz para la vida

*M*i caminar por la senda divina ha sido relativamente corta. Desde que era muy pequeña escuchaba a los adultos hablar sobre la fe, pero nunca la había vivido realmente, con la intensidad con la que ahora la vivo.

Mi vida, antes de conocer verdaderamente a Dios, estaba llena de tristezas, miedos, frustraciones y sentimientos de fracaso entre otros. Tenía momentos de felicidad, pero nada era suficiente. Me encargué de ser una muy buena estudiante universitaria, asistí a una universidad privada y reconocida, quería que el mundo entero se diera cuenta de mi existencia. Sentía una inmensa necesidad de demostrar a otros mis capacidades intelectuales, así como también hacerles saber que tenía talentos. En ese entonces, consideraba que lo más importante en este mundo, era ser exitosa, como quizás muchos no lo habían sido ante mis ojos.

> Por fortuna, aunque yo me había olvidado de Dios buscando la sabiduría y el conocimiento humano, Él no se había olvidado de mí y en un futuro cercano sería la libertad de mi alma, la armonía de mi corazón y la luz de mi camino.

1

Desafortunadamente, la frivolidad y las cosas superficiales ocupaban un papel muy importante en mi vida. Quería tomar lo mejor de la existencia. Al menos esa era mi perspectiva, aunque claro, hoy en día, me doy cuenta lo equivocada que estaba. Me consideraba una mujer de fe, pero vivía esa fe a medias, a mi conveniencia, y solo existía cuando me veía en aprietos. En ese entonces era una mujer vacía, nada era suficiente. Logré hacer cosas que muchos desearían, como viajar a ciertos países, relacionarme con los muchachos más codiciados de la universidad, pero nada, absolutamente nada me hacía sentir satisfecha. Muchas personas me consideraban físicamente atractiva, pero yo me sentía insegura de mi misma y, al sentirme insegura de mi misma, no me daba cuenta de la grandeza que existía a mi alrededor y de cómo Dios me había bendecido de diferentes maneras. Yo podía ver pero estaba ciega, podía hablar pero estaba muda y la desesperación me llenaba de impotencia. Podía oír pero no escuchaba, era amada pero una inmensa soledad albergaba mi alma. No sabía qué era lo que pasaba conmigo y porqué mi lucha era constante. Luchaba contra mi misma y contra el mundo entero. Mi vida era incongruente, porque, mientras aparentaba estar feliz o intentaba convencer a los demás de mi felicidad, por dentro, me sentía desgarrada y había un inmenso dolor que no cesaba.

Durante los estudios en la universidad, tuve la oportunidad de analizar diversas situaciones, que me habían llevado a este estilo de vida superficial, que no es deseable en lo más mínimo. Estudié a fondo varias teorías como el psicoanálisis de Sigmund Freud, la psicología de Carl Rogers y su teoría del proceso de ser, a Maslow con sus postulados sobre la pirámide de necesidades del ser humano... en fin, un sin número de expertos que trascendieron por medio de sus teorías. También, tomé otras materias correspondientes al área médica como parte de los requerimientos para cursar la carrera en psicología. Se puede decir, que llevé una formación académica muy buena, donde tuve la oportunidad de conocer cosas que, de manera personal, me *fascinaban y pensaba que me llevarían a la cima, claro, por medio de la creación de mis propias teorías, porque, yo consideraba que si ellos habían sido capaces de lograr dar a conocer sus ideas sobre la existencia del ser humano y sus conflictos, yo también lo haría.*

A pesar de lograr enriquecer mi enciclopedia intelectual al estudiar tantas perspectivas sobre el ser humano y su funcionamiento, me hizo falta estudiar la ciencia y el conocimiento más práctico y perfecto en el mundo: el amor incondicional del Padre Eterno.

Es muy curioso el voltear la vista atrás y recordar cómo me inicié en el mundo universitario, porque, casi todos quienes estudiamos la carrera en psicología, decimos que queremos ser psicólogos para ayudar a las personas que están a nuestro alrededor y a nuestra comunidad; pero, una vez que estamos adentro, somos desenmascarados y nuestros mentores nos recuerdan, que el principal motivo por el que, decidimos iniciar esa carrera, fue para ayudarnos a nosotros mismos y una vez que hayamos logrado esto, entonces seremos capaces de ayudar a otros. En ese sentido, esto es totalmente cierto, porque como está escrito en la palabra de Dios, ¿cómo es posible el ver la paja en el ojo de otros, si no somos capaces de mirar la viga atravesada en el nuestro? (Véase Mateo 7:3-5 NVI) A decir verdad, yo necesitaba ver la viga que estaba atravesada en mis ojos, necesitaba que me ayudasen a quitar esa viga gigante que no me permitía ver la luz.

Duré casi cuatro años en formación para obtener la licenciatura en psicología. Al mismo tiempo que buscaba el conocimiento, también, estaba buscando ese algo que me permitiera ser yo misma y me sacara de las tinieblas en las que me encontraba.

Puedo decir que, mi estancia en la universidad, fue una gran experiencia, conocí a muchas personas con las que, aún conservo una bella amistad, profesionalmente me preparé para introducirme en el ambiente laboral, desarrollé mi potencial creativo magníficamente y tuve un crecimiento personal significativo; sin embargo, no logré encontrar ese algo que le hacía falta a mi vida y que me haría sentir llena de gozo y plenitud.

En los últimos cuatrimestres de la universidad, tuve que hacer prácticas profesionales para aplicar los conocimientos adquiridos durante la formación y al mismo tiempo, tuve que someterme a terapia psicológica, como parte de los requerimientos. Esto se debió a que, los académicos afirmaban, que no es posible decir que la terapia psicológica ayuda a una persona, si el propio psicólogo no se ha sometido a la terapia misma y esta, a su vez, ha funcionado para lograr tener una mejor calidad de vida. Este es un proceso similar al que nos enfrentamos cuando nos convertimos en personas de fe, no es posible el hablar de algo que no conocemos y no podemos incitar a otros a que tengan fe, si nosotros mismos no la tenemos; es por eso, que, debemos predicar con el ejemplo.

Estuve algunos meses en proceso psicológico tratando de resolver mis conflictos personales. Me hacía mil preguntas de las cuales deseaba obtener una respuesta. Me había llenado de problemas, los cuales, tenía que resolver. La vida misma representaba un conflicto difícil de llevar, que en determinados momentos, deseaba que acabase de una vez por todas. Pretendía que el psicólogo me ayudara a encontrarme a mi misma y a enfrentar mis miedos e inseguridades. Después de varias citas terapéuticas y de intervenciones por parte del psicólogo, efectivamente, logré cambiar algunas actitudes y si, el proceso de terapia fue efectivo en muchos sentidos, solucioné conflictos, reforcé mi autoestima y logré entenderme a mi misma un poco más. Sin embargo, seguía en la necesidad de encontrar algo que me ayudara a resplandecer y encontrar mi verdadero camino. Necesitaba una luz verdadera y completa que me alumbrara de entre las tinieblas.

En este tiempo de mi vida, yo no era consciente de que hasta ese momento, no había sido capaz de permitir que El más grande residiera en mi, a pesar de que Dios nos dejó una clara enseñanza para cuando nos encontramos en necesidad, y nos lo hace saber por medio de las *escrituras de Lucas 11: 9-10 NVI, "Así que yo les digo: Pidan, y se les dará; busquen, y encontrarán; llamen y se les abrirá la puerta. Porque todo el que pide, recibe; el que busca, encuentra; y al que llama, se le abre." Está bastante claro que la mejor ayuda que podría recibir era la de Dios, pero yo en ese momento intenté tocar muchas puertas, pero ninguna era la efectiva porque, al igual que lo mencionó el apóstol Mateo, mi corazón se había vuelto insensible; mis oídos se habían embotado y se habían cerrado mis ojos (Véase Mateo 13:15 NVI).*

Por fortuna, aunque yo me había olvidado de Dios buscando la sabiduría y el conocimiento humano, Él no se había olvidado de mí y en un futuro cercano sería la libertad de mi alma, la armonía de mi corazón y la luz de mi camino.

Capítulo II

$\backsim\!\mathcal{M}\!\sim$

El plan de Dios es revelado

A través de mi experiencia personal, me he dado cuenta de que los planes de Dios para con nosotros son hasta cierto punto desconocidos, porque no sabemos qué es lo que tiene preparado, pero tenemos que dar pasos de fe para que Él nos lo muestre y podamos gozar de su abundancia...

Muchas personas, al igual que yo, hemos planeado nuestra vida y nuestro futuro sin siquiera preguntar a Dios si lo que nosotros planeamos, está escrito en el plan que Èl creó para nosotros. Erróneamente, queremos que Él nos ayude a que se cumplan nuestras expectativas de vida, pero no lo tomamos en consideración, para saber si quiera, qué es lo que opina sobre nuestros planes.

Desafortunadamente, cuando su plan es diferente al nuestro, como resultado, podemos llegar a sentir gran conflicto y desilusión, pero Dios es bueno, si actuamos y pedimos con fe, todo es posible y podemos entender y aceptar que sus sueños, se convierten en nuestros sueños también...

Algún tiempo antes de que yo iniciara la universidad, mi hermana mayor sintió el enorme deseo de vivir "el sueño americano", así que le pidió a mi papá, quien había radicado en Estados Unidos de América la mayor parte de su vida, que iniciara los trámites para que ella pudiese venir al otro lado de México de manera legal. Al principio, cuando mi hermana comentó por primera vez sus inquietudes al respecto, mi papá se negó rotundamente a acceder a sus deseos, alegando que él no quería que ningún miembro de su familia, viniese a vivir a tierra extranjera. Opinión que yo compartía, ya que, yo me sentía muy orgullosa de ser mexicana, y estaba segura de que podría lograr tener una vida abundante en la tierra donde nací y crecí. Tierra donde además tenía planeado permanecer el resto de mi vida. Esos eran mis planes, pero años más tarde, Dios me mostraría su plan y mi vida daría un giro de ciento ochenta grados que me convertiría en una mujer más sensible y más humana.

Después de la insistencia de mi hermana mayor sobre la idea de dejar México para venir a vivir al país vecino, mi papá terminó accediendo a la idea, e inició los trámites para que toda la familia nos viniésemos para EE.UU. Para ser honesta, la idea no me gustaba en lo más mínimo, y veía esto, como un hecho muy lejano que nunca ocurriría. Además sería algo muy extraño el vivir con mi padre, ya que, mi infancia y adolescencia la pasé sin él, debido a que su trabajo estaba en California y Arizona y solo nos visitaba ocasionalmente, o permanecía con nosotros durante corto tiempo.

Una vez que mi papá inició los trámites para nuestra residencia en Arizona, también nos advirtió que nos estuviésemos preparando con el idioma inglés para que, cuando llegara el momento de emigrar, no tuviésemos dificultades para comunicarnos. Esto me recuerda de alguna manera, a la parábola de las diez jóvenes citada en Mateo 25, donde se expresa que "el reino de los cielos será entonces como diez jóvenes solteras que tomaron sus lámparas y salieron a recibir al novio. Cinco de ellas eran insensatas y cinco prudentes. Las insensatas llevaron sus lámparas, pero no se abastecieron de aceite. En cambio, las prudentes llevaron vasijas de aceite junto con sus lámparas".

Desafortunadamente, yo vendría a representar una de las cinco jóvenes insensatas, ya que, hice caso omiso a las sugerencias de mi padre. En el relato se dice que las jóvenes insensatas tuvieron que ir a comprar más aceite ya que no fue suficiente, por lo que, cuando llegó el novio, las jóvenes que estaban preparadas se encontraron con él y entraron al banquete de bodas y se cerró la puerta. Después llegaron las otras jóvenes y no se les permitió la entrada. De igual manera, yo actué de forma insensata y no deseaba aprender el idioma en lo más mínimo. En lugar de tomar clases de inglés las cuales me abrirían puertas en este país extranjero, decidí tomar divertidas clases de italiano. No negaré que el italiano es un lenguaje bellísimo, pero el hecho de estudiar italiano en lugar de inglés, también representaba un acto de rebeldía, ya que, no quería tomar en consideración las sugerencias de mi padre.

El tiempo transcurrió, ingresé a la universidad y dos cuatrimestres antes de terminarla, me llegó una notificación haciéndome saber que mi residencia americana estaba lista y tenía que presentarme en Ciudad Juárez, Chihuahua, para recibir mi documentación. Tendría una entrevista y si todo salía bien, estaría todo listo para poder estar legalmente en EE.UU.

Por fin, el día que creí que estaba muy lejano, llegó y un pánico horrible se apoderó de mi vida. Tuve la entrevista un 27 de marzo del año 2003. Justo en mi cumpleaños 21, por lo que tenía que pasar inmediatamente la frontera, porque, de lo contrario mi estado migratorio se anularía. Después de que la entrevista fue todo un éxito, tomamos camino para pasar la línea que divide México de EE.UU y después de tanta resistencia, me dispuse a vivir la nueva experiencia que se me presentaba.

Mi padre y yo, pasamos la garita de Ciudad Juárez. A cada momento,

> *Sin embargo, esta frase tan sencilla, me hizo darme cuenta, que aún cuando mi padre no expresaba sentimientos hacia mí, o nuestra relación había sido fría y distante, yo era importante para él, así como él lo era para mí..*

mi padre volteaba hacia todos lados advirtiéndome que no abriese la puerta del carro, que no fuese a bajar la ventada y que no se me ocurriese entablar conversación alguna con las personas que se encontraban en ese lugar, porque sería peligroso para mí. Yo, por mi parte, veía personas de todas edades, que para vender diversos productos o recibir un poco de dinero de los viajeros, se repegaban a los coches que caminaban lentamente esperando pasar por la revisión fronteriza para cruzar hacia el país de las oportunidades. Una vez que fue nuestro turno, el oficial de la frontera me hizo varias preguntas. Mi padre esperó afuera de la oficina con gran consternación, sin saber que era lo que pasaba. Pasados unos cuantos minutos, el oficial selló mi pasaporte mexicano y me dio la bienvenida al territorio de EE.UU. Después de esto, mi padre me llevó a un Mc Donald's a comer. Si mal no recuerdo, mi padre ordenó para mí, una hamburguesa, papas fritas grandes, un refresco, y bastantes piezas de pollo empanizado. Esto fue algo muy curioso, porque ese día, yo cumplí veintiún años, pero parecía que mi padre no se había dado cuenta que su hija ya no era una niña, sino una joven capaz de tomar decisiones, y que por cierto, no necesitaba comer tanto como la cantidad tan grande de comida que ordenó. Posteriormente, una vez que tenía el vientre inflamado de comer esas grasosas papas fritas, hamburguesa y pollo empanizado, nos dirigimos a buscar un lugar donde permanecer la noche, para otro día, salir temprano y viajar hacia Somerton, AZ. Esta situación fue toda una aventura. Cuando la noche cayó y estábamos preparándonos para descansar, yo tomé un baño de tina y me dispuse a relajarme después del ajetreo. Mi padre por su parte, hizo una llamada telefónica, lo cual, me haría sentir muy feliz. Creo que, mi padre no sabía que yo alcanzaba a escuchar su conversación, sin embargo en mi momento de relajación y silencio, escuché que mi padre hablaba con la esposa de su hermano, a la cual le informaba que todo había salido bien y que, la mañana siguiente, partiríamos para que yo conociera la casa que él había comprado. Después de esto y con una voz quebrantada, mi padre dijo lo siguiente: "No es porque sea mi hija, pero está tan bonita, que tienes que verla". Honestamente, yo no quería seguir escuchando, porque esto quebrantó mi corazón. Había pasado tanto tiempo sin escuchar esto de los labios de mi padre, que crecí creyendo que no le importaba lo que yo era o hacia, y es más, como mi padre nunca reafirmaba mi identidad o mi autoestima, yo creía que mi padre no me quería como hija y no me consideraba hermosa en lo más mínimo. Sin embargo, esta frase tan sencilla, me hizo darme cuenta, que aún cuando mi padre no expresaba sentimientos hacia mí, o nuestra relación había sido fría y distante, yo era importante para él, así como él lo era para mí. No cabe duda, que muchas personas viven heridas a causa de la falta de comunicación. Los hijos, sin importar la edad, necesitamos ser reafirmados y bendecidos por nuestros padres para lograr una identidad firme y desarrollarnos sanamente.

Esta experiencia pudiera parecer algo insignificante para muchos, pero esa noche, una frase tan sencilla logró ablandar mis sentimientos y abrir paso para dar lugar al hombre que Dios me dio como padre. Sin lugar a duda, esa noche fue una noche triunfal, porque había descubierto, que mi padre era simplemente, un ser humano con muchos errores y defectos, pero también con aciertos y deseos de cambiar, para ser mejor.

Al llegar la mañana, emprendimos nuestro viaje hacia Somerton. Mi padre me hizo dar un recorrido por la casa en la que viviríamos y también tuvimos largas conversaciones sobre los planes que tenía hacia futuro. Me confesó que anteriormente, había antepuesto a sus amigos u otros intereses antes que nuestra familia, pero que ahora, intentaría cambiar para bien de nuestro hogar.

Mi padre y yo, pasamos un par de días en Somerton y me llevó a conocer la ciudad hermana llamada Yuma. Visitamos un museo histórico para conocer más sobre la ciudad, fuimos a un restaurante de comida mexicana, con el cual, me di cuenta de que los restaurantes que dicen ser de comida mexicana en el área, no son tan mexicanos después de todo, sino son una mezcla de comida rápida con ciertos ingredientes de platillos típicos mexicanos. En fin, después de esto, viajamos hacia Coalinga, California, para visitar mi tía Lola, hermana de mi madre. Estando en Coalinga, nos escapamos para conocer un par de lugares, celebramos mi cumpleaños, ya que, no habíamos tenido oportunidad de celebrar y después de otras variadas experiencias, mi tía Rosa, otra hermana de mi madre y su familia se reunieron con nosotros. Después de un par de días de estancia en Coalinga, viajé con mi tía Rosa a Los Ángeles, California para posteriormente, después de una estancia de dos semanas en tierra Norteamericana, regresarme a mi México lindo y querido.

Sin duda, el plan de Dios fue perfecto y propició un encuentro entre mi padre y yo, precisamente usando algo que yo no pedí, ni deseaba en lo más mínimo: emigrar a EE.UU.

Aunque éste fue un periodo corto, fue una magnífica oportunidad para conocer parte de la vida de mi padre y de sus deseos. En este tiempo, mi padre se abrió hacia mí y me dijo cosas que arrebataron lágrimas de mis ojos y me hicieron sentir como una niña que necesitaba los abrazos cálidos de su padre. Creo que, precisamente en eso me convertí cuando estaba con mi padre, en una niña que deseaba intensamente ser amada por él, y Dios en su infinita misericordia y a pesar de mi rebeldía permitió que esto, fuera una realidad palpable.

Sin duda alguna, disfruté de una grata convivencia con mi padre y cuando llegó el momento de retomar mi camino para regresarme a México, sentía un nudo en la garganta que era muy difícil de ocultar, de hecho, nuevamente, las lágrimas rodaban por mis mejillas como si se tratase de un desfile de gotas en época de lluvia. Cuando me despedí de mi padre, él me exhortó a que, cuando terminase la carrera, me viniese a vivir a EE.UU, cosa que le prometí pensar, pero por lo pronto, tenía que terminarla y después vería qué sucedería a continuación. Aunque, a decir verdad, no estaba en mis planes el vivir en EE.UU permanentemente.

Capítulo III

⌒⁂⌒

Dios moldea nuestras vidas, como es moldeado el barro en manos del alfarero.

*H*e escuchado esa frase en muy diversas ocasiones y de hecho es mencionada en Isaías 64:8 "Señor, tú eres nuestro Padre; nosotros somos el barro, y tú el alfarero. Todos somos obra de tu mano".

Por medio de estas palabras Dios nos hace saber que Él moldea nuestra vida, como el barro es moldeado en manos del alfarero. Reflexionado sobre esto, podemos caer en la conclusión de que Dios nos permite vivir ciertas experiencias que no son agradables para nosotros, o que debido a nuestra condición de seres humanos, es difícil de comprender, cuál es el propósito que Dios tiene para nuestras vidas. Cuando nos encontramos en situaciones adversas renegamos y nos preguntamos por qué Dios permite las injusticias, el sufrimiento humano, y la pobreza, entre otras muchas situaciones que pasan en el mundo. Lo que no consideramos o no reflexionamos es *para qué* Dios permite que sucedan esas cosas, porque, es preciso el recordar lo que está escrito en el evangelio según Mateo 7: 9-12 "¿Quién de ustedes, si su hijo le pide pan le da una piedra, o si le pide un pescado, le da una serpiente? Pues si ustedes siendo malos, saben dar cosas buenas a *sus hijos !Cuánto más su Padre que está en el cielo dará cosas buenas a los que pidan!".*

Así pues, Dios tiene cosas buenas para nosotros sus hijos, pero es necesario que pasemos por ciertos eventos que nos purifican. Tenemos que pasar por el fuego para ser refinados y tomar forma. De esta manera Dios moldea nuestro carácter, nuestra vida y nuestro corazón para convertirnos en instrumentos útiles para Él y para su gloria.

Recuerdo perfectamente cuando Dios cambió todo lo que yo tenía planeado y me trajo a la ciudad de Somerton, Arizona. Realmente jamás me imaginé que vendría a vivir al desierto, pero fue precisamente en el desierto, donde lo conocí y le entregué verdaderamente mi vida y mi destino.

Mi familia entera terminó emigrando a EE.UU con excepción de mi hermana mayor, quien tenía el deseo de hacerlo. Finalmente yo, también terminé emigrando al país de las oportunidades.

Un día después de mi graduación universitaria, inició una vida nueva que jamás imaginé.

Por medio de esta transición, Dios me hizo pasar por el fuego ardiente que acabó con mi ego. Inicié una nueva etapa donde todo, absolutamente todo cambiaría para mí.

Me mudé de ciudad. Dejé el lugar donde nací, donde crecí, me desarrollé y había plantado mis ilusiones. No cabe duda, que los caminos de Dios son misteriosos, pero efectivos. Èl terminó dirigiendo el rumbo de mi vida hacia un lugar totalmente desconocido para mí. Un área fronteriza donde el calor es extenuante, el cual puede llegar hasta 120°F o más caliente, y eso, finalmente, sería lo de menos, si hacemos conciencia sobre todas las injusticias que pasan en este lugar, como la discriminación hacia las diversas razas, y aún más marcada, hacia los hispanos. En algunas áreas la explotación, la pobreza extrema en la que viven muchas personas a unos pasos de la frontera norteamericana, entre otras muchas más.

En mis primeros meses de estancia en esta ciudad, mi vida fue un total infierno, volver a empezar no es fácil, especialmente cuando se ha luchado tanto por conseguir con gran esfuerzo, lo poco que se ha logrado. Para mí, fue muy frustrante el hecho, de vivir en un lugar donde la temperatura se eleva tanto y en cambio la moral, decae al ser limitados en tantos sentidos, por no tener los medios para avanzar y al intentar hacerlo, ser aplastados por personas e inclusive por parte de familiares cercanos de personas mexicanas de la misma raza u otros hispanos. Con esto me refiero a que, la mayoría de las familias que emigran a este país, lo hacen con la finalidad de tener una mejor calidad de vida. Desafortunadamente, no siempre se logra, y el proceso es desgastante. Quizás no todo el mundo experimenta la misma sensación, pero en mi experiencia muy personal, así lo sentí en el proceso de la transición. Pues como era de esperarse, yo deseaba encontrar un buen empleo donde pudiese ejercer mi carrera, pero eso era casi imposible porque, obviamente, mi carrera no era válida en este país y esto sumado al hecho de que el idioma inglés no lo dominaba en lo más mínimo y no tenía un vehículo con que transportarme, mi situación se agravaba aún mas y la experiencia resultaba aún mas castrante.

Independientemente de todo esto, el hecho de hablar el español de una manera diferente al español que se emplea en el área fronteriza, me convertía también en el blanco de muchas críticas e incluso de burla, por parte de otros.

En fin, me sentía en agonía absoluta y una gran amargura estaba invadiendo mi vida. ¿A qué podría aspirar en una tierra extranjera a donde no pertenecía?

Sin dominar el idioma, ¿qué empleo podría conseguir? Seguramente, alguno de los empleos que otras razas no toman porque dicen que esos empleos son para los "mexicanos". Una de ellas, seguramente sería yo y mi destino sería como el de muchos profesionistas que se vienen a este lado de la frontera y es casi imposible el ejercer sus carreras debido *a muchos motivos y circunstancias. Pero Dios es grande y hoy en día, me ha dejado saber, que un empleo no te hace mas, ni te hace menos.*

El empleo te ayuda a vivir y a ser útil en este mundo. Porque finalmente, los buenos empleos son producto de la imaginación, porque el hombre que es jardinero y disfruta el cuidar de sus flores, es el hombre que tiene el mejor empleo del mundo. Quien limpia las calles, está cumpliendo una misión que muchos no quieren, y con esto, contribuye a embellecer las ciudades. ¿Y qué hay de quienes orgullosamente trabajan en el campo? Ellos son quienes propician los banquetes que nos llevamos a la boca y con ello alegramos nuestro ser, porque, panza llena, corazón contento. Cada alegría es curativa y prolonga nuestra vida. Así que, al parecer los campesinos, sin darse cuenta, se convierten en doctores para el resto del mundo.

Con esto concluyo en que, no cabe duda que existe un gran abismo entre la persona que era yo antes de conocer a Dios y la persona en la que me he convertido ahora gracia a Él. Me siento inmensamente afortunada de que haya transformado mi vida y mi ser.

Sin embargo, en ese entonces yo sufría de necedad absoluta porque estaba preocupada por todo, me angustiaba fácilmente y la depresión se estaba apoderando de mí. Esto refleja, que el hecho de no conocer a Dios, es el peor error del ser humano, porque solo Él nos brinda esperanza, paz y consuelo aún en los tiempos de tormenta. Él nos reconforta dejándonos saber, que aunque nuestros padres nos abandonen, el Señor nos recibirá en sus brazos (véase Salmo 27:10 NVI). Y no es necesario el esperar que pase la tormenta, sino que, Él nos da la fortaleza para que aprendamos a bailar en la lluvia, y disfrutemos el limpiar nuestras vidas por medio de la tormenta misma.

¡Cuántas frustraciones y lágrimas hubiese prevenido si tan solo lo hubiera escuchado!

Si yo lo hubiese conocido verdaderamente en ese tiempo, me hubiese reconfortado con sus palabras diciéndome que no me preocupara por lo que comería y bebería, o por lo que vestiría porque la vida tiene más valor que la comida, y el cuerpo más que la ropa. Si lo hubiese escuchado, me daría cuenta que Él susurraba en mi oído que las aves del cielo no siembran, ni cosechan, ni almacenan en granero; sin embargo, el Padre Celestial les alimenta. Él me decía abiertamente, que yo valía mucho más que eso, que observara los lirios del campo, no trabajan y no hilan, pero ni siquiera Salomón con todo su esplendor se vestía como uno de ellos. Él enfatizaba que más bien buscara el reino de Dios y todas esas cosas se me darían por añadidura. (Véase Mateo 6:25-33 NVI). ¡Cuántas frustraciones y lágrimas hubiera yo prevenido si tan solo lo hubiera escuchado!

Pero aún en medio de mi sordera espiritual, mi necedad fue objeto para que Dios me llamara y obrara en mi vida para desarrollarme y crecer de una manera asombrosa.

Una vez que pasó el trago amargo durante mi adaptación en este lugar, empecé a ver más claramente el plan que Dios tenía para mí. Ahora me doy cuenta que era necesario pasar por esas experiencias para que mi ego y mi orgullo se doblegaran y pudiera finalmente, escuchar la voz de Dios, porque de lo contrario, si mi vida hubiese sido diferente, seguiría sorda a su llamado y estaría centrada en mí misma luchando por conseguir cosas por mis propias fuerzas, que al fin de cuentas, no me llevarían a ningún lado, porque finalmente, "lo que ahora existe, ya existía; y lo que ha de existir, existe ya. Dios hace que la historia se repita" (Eclesiastés 3:15 NVI).

Y así pues, fue como Dios empezó a restablecer mi vida, y me fue mostrando que me sacó de la zona de comodidad en la que encontraba, para que viera más allá que lo que mis ojos querían ver. Porque, existen personas sufriendo a nuestro alrededor que necesitan nuestra ayuda, nuestra compañía, nuestro interés sincero y lo más importante de todo, esas personas necesitan saber que solo "Dios es el camino, la verdad y la vida" (Juan 14:6 NVI).

Capítulo IV

୬

Hacia la restauración

"*Y después de azotarlo, lo matarán. Pero al tercer día resucitará" (Lucas 18:33 NVI). Jesús vivió 33 años en el mundo terrenal y al final fue entregado a los romanos quienes se burlaron de Él, lo insultaron, escupieron y a petición de los líderes judíos le dieron muerte. Después de su terrible calvario, Jesús resucitó al tercer día para tener vida eterna.*

Consecutivamente a que Dios nos permita que vivamos momentos obscuros, tristes y tormentosos, nos empieza a restablecer para guiarnos hacia nuestra propia resurrección. Le da fortaleza a nuestra alma para llevarnos hacia la victoria que Él nos ha prometido.

…Un año después de pruebas y caminar entre espinas y abrojos, Dios inició mi restauración lenta y cuidadosamente. Me empezó a mostrar su amor a través de personas que se encontraban a mí alrededor, quienes me trataron con gratitud y respeto. Dios empezó a moverse en mi vida de variadas formas haciendo maravillas. Me curó heridas que aún con el paso de los años, no habían sanado completamente y me acariciaba tocando las lastimaduras que había en mí.

Primero que nada, Dios trajo a mi casa, personas que empezaron a hablar sobre Él y su amor. El rompecabezas poco a poco estaba tomando forma. Conseguí un empleo en el que, indirectamente ejercí mi carrera con personas de la tercera edad, quienes a su vez me adoptaron; algunas, como su nieta, otras como su hija, y otras mas como parte de su familia, así pues, viéndome rodeada de cariño y múltiples formas de afecto.

Con hechos, Dios me mostró su infinita misericordia y brindó la esperanza que a mi vida le hacía falta. Porque tal como se hace en el Salmo 27, a partir de mi restablecimiento empecé a declarar que, "El Señor es mi luz, y mi salvación; ¿a quién temeré? El Señor es el baluarte de mi vida; ¿quién podrá amedrentarme? De igual manera, me abrió el camino para que empezara a estudiar el idioma y paulatinamente, permitió que me sintiera cómoda en la tierra a la que Él me trajo. Definitivamente fue un proceso espectacular lleno de matices y oportunidades.

Desde hacía algún tiempo atrás, además de terminar la carrera en psicología, me había iniciado en los ámbitos artísticos. Me inicié originalmente estudiando teatro, del cual tenía como anhelo, ejercer como carrera el resto de mi vida. Posteriormente, estudié dibujo y pintura con lo que logré aprender técnicas para pintar en diferentes estilos. De esta manera, se empezaron a fabricar sueños en mi mente. Tales como compartir y expresar mis ideas por medio del arte, lograr tener exhibiciones en diversos lugares del mundo y decir lo que no era capaz de decir con palabras, con un pincel y colores. Además, me di cuenta de que por medio del arte, podía canalizar mis sentimientos y vivencias de manera positiva.

En México aprendí mucho sobre el mundo del arte, pero fue precisamente en el desierto, en la tierra en la que yo no deseaba vivir, donde Dios me dio los medios para prosperar en este sentido. Recuerdo perfectamente que en la oficina donde llené la documentación necesaria para empezar a trabajar, fue precisamente donde conocí a un pintor llamado Martin Ezrre, quien era originario de San Luis Rio Colorado, Sonora. Este encuentro marcaba el inicio de una aventura que hasta el día de hoy, ha sido una clara muestra del amor de Dios y los magníficos planes que Él tiene para mi vida, así como lo tiene para todos los que decidan seguirlo y llenarse de su amor. Porque, Dios es amor y nos dice que separados de Él no podemos hacer nada y tenemos que permanecer con Él y para Él para ser bendecidos y que nuestras vidas se llenen de frutos.

Y así pues, mis sueños se empezaron a materializar y tomar forma. Mientras yo llenaba la documentación, este pintor se encontraba platicando con una de las empleadas de la agencia, donde yo iniciaría a trabajar. Ellos hablaban con tono fuerte, por lo que, era difícil el no escuchar de que se trababa la conversación y bueno, esta conversación parecía que estaba dirigida hacia mí, porque estaban hablando sobre pintura y sobre proyectos que el pintor tenía para el futuro. Al terminar la conversación, el pintor se dirigió hacia la recepción donde yo me encontraba, así que, no perdí la oportunidad y me presenté con él dejándole saber sobre mis inquietudes artísticas y enfatizando, que me gustaría formar parte de algún grupo de artistas locales que se dedicaran a realizar actividades culturales y artísticas. Para mi fortuna, me comentó que se estaba estableciendo un grupo de pintores binacionales y había una invitación abierta para que, los pintores locales que lo desearan, participaran en el proyecto. Así que, le pedí toda la información necesaria para participar en las reuniones y poder ser parte del proyecto. De igual manera, le di mis datos personales para estar en comunicación. Después de este breve encuentro, Martín me dio una fecha clave que sería cuando tendrían la primera reunión. Sin lugar a dudas yo sentía gran emoción sobre la oportunidad de ser parte de este proyecto, así que, sin mal ni mas, en cuanto llegué a casa de mis padres, le comenté a mi madre lo que me había ocurrido. Yo estaba entusiasmada y mi madre compartía mi entusiasmo, pero había un pequeño detalle, yo no conocía la ciudad donde seria la reunión. Mi madre y yo nos sentamos, conversamos por unos momentos y después de algunos minutos, mi madre encontró la solución al problema. Llamaría a una de sus amigas para que nos llevara a la reunión de pintores. Ni tarda ni perezosa, mi madre llamó inmediatamente a su amiga y le comentó la situación. Su amiga muy gentilmente se ofreció a llevarme a la reunión y llegada la fecha, mi madre, su amiga y yo, nos dirigimos hacia la reunión como si fuésemos las tres mosqueteras. No puedo negar que el corazón me saltaba con una escandalosa agitación por lo que esto significaba. Para nuestra sorpresa, cuando llegamos al lugar de la cita, no había nadie y nuestro viaje había sido en vano, ya que, la reunión se había cancelado y todavía no había otra fecha tentativa para otra posible reunión. Cabizbaja, les pedí a mi madre y su amiga que regresáramos a casa. Sin lugar a dudas, la cancelación de la cita había sido un motivo de desánimo, pero aun así, algo dentro de mí, decía que tenía que ser persistente y aguerrida, sin importar lo que acababa de ocurrir. Un día después de este pequeño intento, llamé a Martin para dejarle saber que había asistido a la cita, pero que, la reunión había sido cancelada. Martin no contestó, pero me aventuré a dejarle un mensaje haciéndole saber mi interés por conocer al grupo de pintores y unirme a ellos. Pasados algunos días, Martin regresó mi llamada y disculpándose por la cancelación de la reunión inicial, abrió nuevamente, las puertas de la esperanza, al comentarme que ya tenía otra fecha posible para la reunión. Esta fecha sería en un par de semanas y para asistir, me pidió que llevara algunas de mis obras para mostrárselas al grupo. Finalmente, pasaron muy lentamente el par de semanas y después de tanta expectativa, asistí a la primera reunión de pintores, los cuales evaluaron mis obras, para determinar si eran suficientemente buenas como para que yo pudiera ser parte del grupo. Los pintores experimentados, quedaron satisfechos con mi trabajo y me aceptaron como integrante.

Después de esto, empezamos a planear actividades como talleres de dibujo y pintura, y empezaron también, a surgir diferentes exposiciones en San Luis Rio Colorado, y el condado de Yuma. Nunca creí que tales cosas fueran posibles. De pronto, personas empezaron a interesarse en mi propuesta artística. Mi vida se transformó, porque de ser una *persona que renegaba por las altas temperaturas, por no tener empleo y por ser rechazada por personas de su propia raza (por otros mexicanos e hispanos), empecé a convertirme en una persona importante para quienes se interesaban en mis trabajos artísticos. Recuerdo que al poco tiempo después de iniciar las exhibiciones, recibí una llamada telefónica de una reportera local, quien estaba muy interesada en escribir una historia sobre mi trayectoria. ¿Estás segura? Esta fue la primera pregunta que me revoloteó por mi cabeza. A lo que ella respondió – ¿Eres tú la artista Angélica Villaseñor?- si soy yo- ¿Entonces no estás interesada en que haga la entrevista? De pronto me sentí como cuando una persona camina entre una multitud de gentes y repentinamente la saluda alguien más a la distancia, sin saber realmente si el saludo va dirigido hacia a ella o hacia alguien más. Pero a pesar, de la sorpresa, me guardé la emoción y contesté mordiéndome los labios, sí, claro que sí, me encantaría que hagas la entrevista. La reportera agradeció el hecho de que, acepté ser entrevistada y externalizó que mi obra le parecía ser muy interesante y original. Si yo no estuviese escuchando esta información de labios de ella, nunca lo hubiera creído. Este fue un hecho increíble pero cierto.*

Así pues, continuaron surgiendo proyectos en el grupo de pintores. Pasé de ser una extranjera, a ser una joven que poco a poco lograba metas y sueños en su carrera artística. De pronto, mi lista de contactos fue creciendo y una cosa me empezó a llevar a cosas un poco más importantes. Desafortunadamente, dentro de todas estas vivencias siempre habrá alguien que intente sabotear el logro de los demás, pero Dios es tan grande y misericordioso que mis sueños en lugar de claudicar, han tomado más fuerza, por supuesto, reconociendo que estas fuerzas, no provienen de mi misma, sino de Dios quien merece todo el honor y la gloria.

Ha pasado ya algún tiempo desde que, esa asociación de pintores se formó, pero como ocurre en muchas organizaciones, esta asociación se fue desvaneciendo. Es una verdadera lástima que esto haya ocurrido, mas sin embargo, Dios fortaleció mis ilusiones y como "todo lo puedo en Cristo que me fortalece" (Filipenses 4:13 NVI), los pintores verdaderamente interesados y yo, continuamos luchando por nuestro sueño hasta el día de hoy.

Esta ha sido una travesía inigualable donde Dios me ha mostrado que todo es posible si Él es el centro de nuestra vida. Puedo constatar perfectamente que esto es verdad. No es algo que las personas dicen por decir, porque yo he tenido la oportunidad de experimentar, como Dios abre caminos que como humanos, pudiera parecer imposible el hacerlo. En este preciso momento y por medio de este libro, puedo dar fe de que Dios me ha permitido el conocer personajes que jamás imaginé que tendría la oportunidad de conocer. He viajada a hermosos lugares llevando mi propuesta artística, e incluso he ganado varios reconocimientos y estoy convencida de que esto, es el inicio del plan que Dios tiene para mí.

De igual manera, sé que Dios es mi piedra angular y como está escrito en el Salmo 25 yo también declaro que "a ti, Señor, elevo mi alma; mi Dios, en ti confío". Y así como lo hizo David, quiero imitarle a él y pedirte que me hagas conocer tus caminos, que me muestres tus sendas y me encamines en tu verdad, para que mi fe en ti, fortalezca mis sueños y yo, donde quiera que me encuentre, pueda ser una vasija para tu honra.

Promesas cumplidas

Ya no escasearon las santas vestiduras

Quitaron los mantos rasgados del camino,

Simbolizaron la rendición de sus vidas

Prepararon un camino hacia atrás.

Hicieron revelaciones nunca oídas

Conocieron a sus padres.

Revelaron sus secretos,

Sus presencias estremecieron al mundo entero,

Mundo nuevo en libertad.

Sus bocas resecas fueron llenas.

Surgieron maravillas celestiales,

Lograron triunfos a la par.

Nuestra casa estaba rasgada,

Había finales y comienzos

Ciclos naturales en vida espiritual.

Dios nos dio planes superiores

Cambió nuestras mentes,

Despertó nuestra felicidad.

Capítulo V

ᘓᴍᘒ

Escuchando el llamado divino

*P*orque…
Semejante es el Reino de los Cielos a un hombre que celebró las bodas de su hijo. Mandó sus siervos a decirles a los invitados: "Digan a los invitados que ya he preparado mi comida: Ya han matado mis bueyes y mis reses cebadas, y todo está listo. Vengan al banquete de bodas. Pero ellos no hicieron caso y se fueron: uno a su campo, otro a su negocio. Los demás agarraron a los siervos los maltrataron y los mataron. El rey enfureció. Mandó a su ejército a destruir a los asesinos y a incendiar su ciudad. Luego dijo a sus siervos: "El banquete de bodas está preparado, pero los que invité no merecían venir. Vayan al cruce de los caminos e inviten al banquete a todos los que encuentren." Así que los siervos salieron a los caminos y reunieron a todos los que pudieron encontrar, buenos y malos, y se llenó de invitados el salón de bodas. Cuando el rey entró a ver a los invitados, notó que allí había un hombre que no estaba vestido con el traje de boda. "Amigo, ¿Cómo entraste aquí sin el traje de boda?", le dijo. El hombre se quedó callado. Entonces el rey dijo a los sirvientes: "Atenlo de pies y manos, y échenlo afuera, a la oscuridad, donde habrá llanto y rechinar de dientes" Porque mucho son los invitados, pero pocos los escogidos." (Véase Mateo 22 2-14 NVI).

Al igual que el hombre que preparó ese exquisito banquete para sus invitados, Dios nos invita a participar de su banquete en diferentes maneras, pero, desafortunadamente, la gran parte de los llamados, sufrimos de sordera espiritual y no escuchamos el llamado divino. Cada cual se ocupa de sus quehaceres y de sus fortunas, pero no nos damos la oportunidad de disfrutar del banquete que Dios nos ha preparado para gozar en este mundo. Resulta mucho más cómodo hacer caso omiso al llamado de Dios, porque, cuando realmente nos disponemos a escuchar, nuestras vidas y comodidad son interrumpidas. En muchas ocasiones, nuestro corazón se llena de temor ya que, como humanos, somos regidos por los sentimientos. Tenemos gran reserva al pensar, que al seguir el llamado de Dios, seremos rechazados por otros. Nos da vergüenza el decir que dependemos de Él y nuestra fe pende de un hilo, es decir, nuestra fe es débil y necesitamos fortalecerla, alimentarla y enriquecerla en oración constante.

Como ya lo he narrado en capítulos anteriores, en mi caso personal, tuve que pasar por muchas pruebas y circunstancias, que no fueron del todo agradables, para que me decidiera a seguir el verdadero camino y el llamado que Dios ha hecho a mi vida. He aprendido que es necesario el escuchar su voz, porque de lo contrario, mi vida será como el pueblo de Israel, el cual, de haber escuchado la voz de Dios, hubiesen sido liberados del yugo de los egipcios en un lapso de tiempo menor, que el que estuvieron sometidos debido a su necedad. Así pues, me he dado cuenta que tengo dos opciones para vivir plenamente: escuchar a Dios y seguirlo, o escuchar a Dios y definitivamente seguirlo. No puedo tomar otro camino y hacer lo que para mí, o para los ojos del resto del mundo está bien, ya que, los caminos del ser humano, muchas veces conducen a sendas de muerte. En cambio, el camino de Dios, aunque para muchos sea ilógico o difícil de entender, conduce hacia la plenitud y la paz eterna.

Así pues, también he descubierto que el llamado de Dios se presenta de manera diferente para cada persona, y para cada uno, existe un *propósito distinto por cumplir. Hay personas que quieren sentir su presencia por medio de una llamarada arrasadora, pero Dios se les presenta por medio de un aire exquisito y relajante. Otros quisieran que Dios les llamara por medio del amor de alguien que para ellos/as es muy especial, sin embargo, Dios puede usar la ausencia o el rechazo de esa persona para llamarle y mostrarle otra versión distinta del amor que Dios tiene para ellos/as.*

Por ejemplo, podemos mencionar a María, quien fue llamada para ser la madre de Jesús, el hijo de Dios. Ella no opuso resistencia al llamado y sufrió en carne propia la maldad del hombre. Su amor de madre fue herido mil y un veces a través de los desprecios que los hombres le hicieron a su hijo. Pero de igual manera, ella fue muy afortunada al dar vida al hombre más maravilloso y sabio que ha existido. Además de que fue testigo de las maravillas que Dios hizo a través de su hijo muy amado, así como también le acompañó en su trayecto de milagros y salvación para el hombre. María es un claro ejemplo de fortaleza e inmensa fe. Otra persona en su lugar, estaría aterrada y desesperada desde el inicio de su trayecto como la elegida para dar asilo al grande de entre los grandes. Sin embargo, ella siempre estuvo dispuesta a hacer la voluntad del Padre, sin importar el posible rechazo que el mundo podría tener hacia a ella, debido a su condición como madre de un hijo, que no sería hijo de su prometido. Más sin embargo, sería el hijo que cumpliría las mejores promesas al mundo entero.

Quizás tú que estás leyendo este libro te dirás a ti mismo/a, pero yo no soy una mujer u hombre con gracia pura como María, o quizás no consideres que eres sabio/a como el rey Salomón. Sin embargo, Dios no solo llama a cierto tipo de personas para trabajar para su reino. De hecho, Dios convierte a personas que han tenido una vida diferente o difícil de sobrellevar. Esta puede o pudo haber sido una vida desordenada, puede que la persona tenga un temperamento frágil o con poca capacidad de decidir. De igual manera, pueden ser rebeldes y egoístas. Pero en este sentido, podemos ver que, Dios ha llamado a abogados que han sido corruptos, a mujeres de la vida galante, a traficantes de narcóticos, actores que tienen una vida mundana, en fin, personas con los defectos típicos que nos caracterizan al ser humano. Sin embargo, y muy a pesar de todas nuestras debilidades, Dios nos ha llamado a todos sin importar como somos, qué pensamos o qué sentimos. Su llamado es para que realicemos grandes cosas que jamás pasaron por nuestra mente, porque solo Él es capaz de realizar cosas sobrenaturales, y de igual manera, también nos dio autoridad y poder para que hagamos estas cosas en nombre de su hijo Jesucristo. Por esto, es que, tenemos que ponernos een sus manos para que Él nos guie y nos muestre su camino. Una vez que decidamos ponernos en sus manos, Él empezará a transformar nuestros defectos para que usemos nuestras capacidades para trabajar a favor de su obra.

Cuando le respondemos de manera positiva hacia su llamado, nuestra vida empieza a recibir bendición tras bendición. Pero para esto, es muy importante tener constancia y siempre pedir su dirección para discernir entre lo que viene de Él, o lo que viene de nuestra carne y nuestros propios deseos.

Otro ejemplo del llamado de Dios, es el apóstol Pablo, quien fue un contemporáneo de Jesús, mas en su momento, no fue un apóstol, sino un perseguidor de los cristianos, quien resguardó celosamente al judaísmo. Pero el poder de Dios es aún más grande que el celo humano o el poder que muchos ejercen. Ya que, en este caso y a pesar de las ideas aguerridas de este personaje, Jesús se le reveló diciéndole: "Yo soy Jesús, a quien tú persigues –me contestó el Señor-. Ahora, ponte de pie y escúchame. Me he aparecido a ti con el fin de designarte siervo y testigo de

! Existen tantas formas en que Dios nos puede usar para construir su reino, que solo falta el descubrirlo personalmente, para ser testigos y poner la palabra en acción!.

lo que has visto de mi y de lo que te voy a revelar. Te libraré de tu propio pueblo y de los gentiles. Te envío a estos para que les abras los ojos y se conviertan de las tinieblas a la luz, y del poder de Satanás a Dios, a fin de que, por la fe en mi, reciban el perdón de los pecados y la herencia entre los santificados." (Hechos 26, 15-18 NVI). Y fue así, que a partir de que Pablo fue tocado por el poder de Dios, su vida fue renovada e inició su misión predicando la salvación de Cristo.

Existen un sinnúmero de personajes bíblicos que pueden ser tomados como ejemplo del llamado divino. Evidentemente, tú y yo no somos María ni Pablo para realizar las maravillas para las que fueron llamados ellos. Pero es cierto, que hemos sido llamados para diferentes ministerios y al hablar sobre esto, no quiere decir que tengamos que hacer algo como lo que otros hacen o hicieron, porque cada persona tiene que descubrir para que fue llamado y qué talentos Dios le ha dado para ser usados para su gloria.

Muchos han sido llamados para ir a predicar de puerta en puerta, pero para muchos otros, esta puede ser una misión difícil de cumplir, porque no fueron precisamente llamados para efectuar ese ministerio. Otros fueron llamados para andar por el mundo llegando a comunidades con grandes necesidades económicas y espirituales, donde no se ha dado la posibilidad de escuchar la palabra de Dios y sus promesas. Quizás esas personas han llegado a esos lugares siendo sacerdotes, pastores, monjas o misioneros. Otros, viajan por el mundo llevando el mensaje de Dios por medio de la música, el canto, la poesía, la pintura, etc. Muchos otros lo hacen desde sus hogares orando por sus familiares, amigos y personas allegados a ellos/as. A cada persona le será revelada su misión de acuerdo a que tanto se permita el escuchar ese llamado al que todos estamos expuestos, pero que desafortunadamente, muchos no están dispuestos a cumplir.

Precisamente tú y yo podemos tener alguien cerca quien está realizando un ministerio en especial tal como, llevar a cabo estudios bíblicos, preparar a los niños durante cursos de verano, quizás es el jardinero que llega a diferentes casas y culmina sus labores diciéndole a sus clientes: ¡Que Dios le bendiga! Existen tantas formas en que Dios nos puede usar para construir su reino, que solo falta el descubrirlo personalmente, para ser testigos y poner la palabra en acción.

Dios tiene un gran banquete de bendiciones preparado para cada uno de sus hijos, sin importar que tantos defectos tenga, cuantos errores o pecados haya cometido, porque, cuando una persona es tocada por Dios, su vida es renovada y sus pecados son perdonados. Si por el contrario, cuando una persona se revela ante este llamado y aun conociendo a Dios y su grandeza, decide tomar un camino contrario, sus decisiones le llevarán hacia el fracaso, la amargura y la insatisfacción.

La obediencia trae grandes bendiciones y estas pueden observarse en levíticos 26:3-9 "Si se conducen según mis estatutos, y obedecen fielmente mis mandamientos, yo les enviaré lluvia a su tiempo, y la tierra y los árboles del campo darán sus frutos; la trilla durará hasta la vendimia, y la vendimia durará hasta la siembra. Comerán hasta saciarse y vivirán seguros en su tierra. Yo traeré paz al país, y ustedes podrán dormir sin ningún temor. Quitaré de la tierra las bestias salvajes, y no habrá guerra en su territorio. Perseguirán a sus enemigos, y ante ustedes perseguirán cien, y cien de ustedes perseguirán a diez mil, y ante ustedes sus enemigos caerán a filo de espada. Yo les mostraré mi favor. Yo los haré fecundos. Los multiplicaré, y mantendré mi pacto con ustedes."

Y de igual manera, la desobediencia trae consigo maldiciones: "Si después de todo esto siguen sin obedecerme, siete veces los castigaré por sus pecados. Yo quebrantaré su orgullo y terquedad. Endureceré el cielo como el hierro y la tierra como bronce, por lo que en vano agotarán sus fuerza, y ni el suelo ni los árboles del campo les darán sus frutos." (Levíticos 26:18-20 NVI).

Con esto, puedo deducir, que si somos inteligentes, decidiremos escuchar el llamado de Dios, porque de otra manera, nuestro yugo será muy difícil de sobrellevar, y no podremos disfrutar de las bendiciones y beneficios que trae consigo la obediencia hacia el Gran Maestro.

Capítulo VI

⸺

¿Por qué Dios permite el sufrimiento humano?

*H*e sido testigo de innumerables casos de personas que viven diariamente preguntándose el porqué Dios les permitió vivir y sufrir ciertas circunstancias en su vida. Hace un par de días, me encontraba reflexionando sobre diferentes cuestiones existenciales y precisamente, estaba entablando conversación con una gran amiga, quien detallaba claramente, cual era la situación que atravesaba una de sus hermanas.

Las dos hermanas crecieron en el seno de la misma familia. Según su propia descripción, una familia disfuncional, al igual que la gran mayoría de las familias, o para ser realistas, podríamos decir que todas las familias padecemos de ciertas disfuncionalidades. Esta familia en específico, fue una familia integrada por papá, mamá y once hijos. Todos podemos imaginarnos cuán difícil es el educar y mantener económicamente a una familia numerosa, pero la situación se agrava aún más, cuando se vive en una familia con problemas de alcoholismo como sucedió en esta familia. Debido a estas circunstancias, la familia entera sufrió de violencia familiar, carencias en diversos sentidos como lo son económicos, rechazo social, falta de oportunidades para continuar una carrera profesional, baja autoestima, desesperanza y una carencia de vital importancia: una inmensa carencia espiritual, que marcó las vidas de cada miembro de esta familia.

Los hijos e hijas de esta familia crecieron, formaron sus propias familias, pero cada una vivió y fue afectada de manera diferente por el problema de su padre. Desafortunadamente, hubo una hermana en especial, que aún después de haber transcurrido más de treinta años desde que su padre sufrió los problemas del alcohol, actualmente sigue teniendo el dolor presente en su vida, y lo recuerda día con día reviviéndolo como tragedia y como un impedimento para ser feliz. El resto de las hermanas, también sufrieron inmensamente la actitud de su padre hacia ellas. Sin embargo, buscaron alternativas para olvidar y llevar un estilo de vida armónico.

Esta es una historia recurrente en muchas personas. Existimos una infinidad de humanos que sufrimos en nuestra infancia los estragos que deja el alcoholismo. Muchos somos marcados de manera negativa y nos castigamos día con día recordando esos eventos negativos que marcaron nuestra existencia. Existen muchas preguntas alrededor de nuestra mente, que nos pueden llevar, e incluso a preguntarnos si verdaderamente existe Dios o el porqué permite que tengamos tanto sufrimiento. Sin embargo, la respuesta puede ser bastante clara, no es que Dios permita que suframos, sino que Él nos dio el libre albedrio para que tomemos las decisiones necesarias para vivir una vida feliz y plena. Por desgracia, las decisiones que tomamos como humanos que somos, la gran mayoría son erróneas porque vienen de nuestra mente y nuestra carne, mas no necesariamente del plan que tiene Dios para nuestra vida. Porque finalmente, Dios no mandó a nuestros padres para que bebiesen y nos golpearan, tampoco les dijo que nos gritaran y nos lastimaran de la manera que posiblemente lo hicieron. Posiblemente, muchas o algunas de sus decisiones fueron inspiradas por parte del enemigo y no de Dios, porque Jesús ya pagó el precio por nuestra felicidad y por el perdón de nuestros pecados. Desafortunadamente, esta clase de experiencias se sufren por la negligencia que tenemos *y la falta de conocimiento al no pedir a Dios orientación para tomar decisiones en nuestra vida y por no ponerlo como el principal factor de nuestra existencia. Vivimos tratando de satisfacer lo que el mundo nos pide, pero esto solo deja vacíos que, en muchas ocasiones se pretenden llenar con el alcohol, el tabaco, el exceso de comida, las drogas, entre otras muchas cosas más. Dios no es el causante de nuestro sufrimiento, mas embargo y a pesar de nuestro sufrimiento, Él transforma esas cosas negativas que vivimos, para que las usemos para trabajar para su reino, es decir, transforma nuestras debilidades en fortalezas y nos da los medios para que ayudemos a otros para que puedan salir de esas circunstancias y caminen por las sendas de paz que Dios ha preparado para cada uno de sus hijos. "Yo les he dicho estas cosas para que en mí hallen paz. En este mundo afrontarán aflicciones, pero anímense! Yo he vencido al mundo" (Juan 16:33 NVI).*

Así pues, el dolor que alguien puede experimentar, puede ser transformado por Dios de manera bellísima para bendecir a otros.

Hay personas que en lugar de estancarse sufriendo una y otra vez por los recuerdos negativos, son inspiradas por Dios para usar esas malas experiencias para ayudar a los niños u otras personas que se encuentran viviendo una situación como la que pudieron haber experimentado. Ahora estas personas pueden estar laborando como voluntarias para brindar cariño y comprensión a todos esos niños que sufren el rechazo y falta de atención. Sus experiencias negativas pueden ser usadas para tocar vidas y brindar esperanza.

De esta manera, lejos de ser desdichadas, estas personas tienen el privilegio de sentirse plenas y realizadas al saber qué hacer y cómo dirigirse hacia otras personas que necesitan orientación y una luz de esperanza.

Ahora bien, tú tienes que tener presente, que tú puedes ser esa luz de esperanza que necesitan las personas a tu alrededor.

Si has sufrido de alguna manera en específica, tal como la infidelidad de tu esposo/a, violencia doméstica o psicológica, o alguna otra situación que fue muy desagradable en su momento, puede que tengas herramientas suficientes para ayudar a otras mujeres u hombres a que superen los traumas que estos eventos dejaron en sus vidas. Al principio quizás te será difícil porque podrías pensar, que no sabes cómo hacerlo, pero Dios es grande y si le pides su orientación, Él te dirá como hacerlo y cuando menos lo esperes, estarás lista/o para iniciar tu misión e inclusive tu propio ministerio.

No permitas que el miedo o la inseguridad bloqueen los talentos que has adquirido, porque si has sobrevivido a alguno de estos problemas, ahora eres más fuerte y tienes mucho que dar a otras personas a través de tu propia experiencia.

Todas las personas sin excepción alguna, podemos ayudar a otros, sin embargo, el enemigo nos hace creer cosas que no son ciertas, y muchas veces nos hace tener una imagen deteriorada de nosotros mismos. Es por eso que cuando estamos aterrorizadas/os y pensamos que somos incapaces de lograr el plan que Dios tiene para nosotras/os, el enemigo se viste de gala y hace fiesta con nuestra decepción.

No permitas que el enemigo te aseche y llene tu cabeza de cosas sin sentido. Tú eres una mujer u hombre valiosa/o a quien Dios ama con todo su corazón, porque somos hijos y coherederos del Rey de Reyes y Señor de Señores.

Recuerda que Dios es la guía segura que puede acompañar tu caminar por este mundo y ese dolor que sufriste puede ser el factor que te de la fortaleza para trabajar arduamente y vencer cualquier obstáculo que se te pueda presentar.

Yo te puedo decir que al igual que tú, he experimentado el dolor en diversas áreas de mi vida y al igual que millones de personas, sufrí en carne propia los estragos que deja el vivir con un miembro de la familia con problemas de alcoholismo. Sin

Él sabe perfectamente por la situación que puedas estar pasando y sabe cuál es tu necesidad, aún antes de que tú se la expongas

embargo, Dios puso sueños en mi vida los cuales protegió y alimentó de mil maneras. Sería imposible el recordar la infinidad de veces que el enemigo me dijo que nunca podría superar el dolor que sufría. Me hacía sentir como una mujer inútil, incapaz de ser amada o de merecer algo mejor que la mísera existencia en la que me encontraba. Vivía almacenando rencor hacia el mundo entero porque yo sentía que todo lo malo que existía caía sobre mí y esto quebrantaba mi esperanza. Vivía solamente por vivir y constantemente pensaba que sería mucho mejor si mi vida terminara, porque yo era un fracaso total. Sin embargo y a pesar de que creí por mucho tiempo las mentiras del enemigo, Dios curó las heridas de mi corazón con amor, haciéndome saber que yo era la niña de sus ojos y tenía un gran presente y un maravilloso futuro para mí. Me dijo que solo tenía que confiar en Él y dejar las tristezas que mi corazón albergaba en sus manos y Él se encargaría de darme paz y tranquilidad.

Debo confesar que no fue nada fácil, porque después de tantos años de creer las mentiras del enemigo, mi mente y mi vida entera estaban llenas de basura que tenía que ir limpiando poco a poco, pero la acción principal que debía tomar para que el cambio fuera posible, era el permitir que Dios obrara en mi vida. Cuando por fin caí en la cuenta sobre esto, inicié una lucha espiritual gigante para cerrar las puertas al enemigo y para poder dejar entrar a Dios en mi corazón. Esta ha sido una lucha a quema ropa porque el enemigo es muy astuto y ha tratado de atacarme por medio de mis debilidades. Sin embargo, y muy a pesar de sus intentos frustrados, Dios siempre ha estado presente tomándome de su mano y secando mis lágrimas con una inmensa ternura, que de solo recordarlo, me siento dichosa.

Decidirme a dejar de escuchar al enemigo y el permitir escuchar la guía de Dios, ha sido la experiencia más placentera que haya experimentado en mi vida entera.

Tú también puedes experimentar esta tranquilidad que quizás tanto necesitas en este momento, pero es preciso el darte cuenta de *que no solo con pensarlo será suficiente, sino que, además de pensarlo y desearlo, tienes que tomar acción. Primero que nada, te recomiendo que mantengas viva la llama de la oración. Esta es un arma muy poderosa que le da la derrota al enemigo. El estar en comunión con el Padre Eterno a través de la oración, trae grandes bendiciones que pueden ser palpables, porque también, hay que recordar, que Dios es el mejor amigo que podamos tener.*

Él sabe perfectamente por la situación que puedas estar pasando y sabe cuál es tu necesidad, aún antes de que tú se la expongas. Pero Él quiere que tú le pidas y le cuentes tu situación como se lo contarías al mejor amigo/a. Muchas personas dicen que no saben cómo hacerlo, pero no es necesario el saber o elaborar un discurso sobre lo que quieras platicarle. Solo es necesario el abrir tu corazón y contarle tus penas y alegrías, cuáles son tus deseos y cuáles son tus miedos. Cuando le demuestres a Él que le confías plenamente, Él te abrazará como nadie que sea humano lo ha hecho.

El mundo está lleno de problemas. Los humanos aconsejados por el enemigo hemos sido los arquitectos de esos problemas, sin embargo y a pesar de esto, Dios siempre está con nosotros para ser nuestro refugio y fortaleza. "Vengan a mi todos ustedes que están cansados y agobiados, y yo les daré descanso" (Mateo 11:28 NVI). Hoy es el momento de pongamos a Dios como la piedra angular de nuestra casa, nuestra comunidad y nuestra nación, porque sin Él nada somos, pero con Él, somos capaces de vencer toda tempestad, tormenta o desastre que esté por venir.

Capítulo VII

~*~

Cuando la espera….desespera….

¿ **R**ecuerdas en alguna ocasión, cuando eras pequeña/o, que le hiciste una petición a tus padres y su respuesta fue que tenías que esperar hasta determinado tiempo o hasta tener cierta edad para poder obtener esto que deseabas?

En múltiples ocasiones he orado intensamente para pedir a Dios que responda a mis peticiones y añoranzas. Como humana que soy, la mayoría de las veces quisiera obtener una respuesta rápida y efectiva, como si se tratase de una varita mágica que cumpla mis deseos y en ocasiones mis caprichos. He tenido luchas espirituales gigantescas al estar esperando una respuesta a mi oración. También, injustamente, me he molestado terriblemente con Dios porque pasa el tiempo y no tengo la respuesta que ante mis ojos y mi razón, es la adecuada o es la que necesito. En esta espera desesperante, me he sentido sola y abandonada, sin ganas de luchar. Claro, han sido sentimientos muy humanos, porque la realidad, es que Dios jamás en la vida deja solos a sus hijos; por el contrario, Él siempre está con nosotros. Mas sin embargo; la razón por la cual, nos sentimos en soledad, no es porque Él nos abandone o no nos responda cuando nosotros creemos necesitar esa respuesta que tanto hemos esperado. El motivo por el cual estos sentimientos surgen en nuestro ser, es porque queremos que las cosas funcionen a nuestra manera y equivocadamente, creemos que así es como las cosas deben de ser realizadas. Nos olvidamos de que, todo por lógica, requiere de un tiempo especial para que sea cumplido y tenga el efecto deseado. Y efectivamente, en el reino de Dios esto es, totalmente aplicable. Dios no puede dar una respuesta inmediata para que suceda lo que queremos, si aún no es el tiempo que Él ha determinado para que eso que tanto añoramos sea cumplido y sea lo mejor dentro del plan que Él tiene para nosotros.

Imaginemos por un momento que Dios nos cumpliera todos nuestros deseos en el momento y lugar en que se los pedimos. ¿Crees que sería posible tener un mundo equilibrado y estable? ¿Podríamos ser agradecidos con Dios, si Él concediera hacer realidad cualquier idea descabellada que se nos ocurriera?

Bueno, pues para reflexionar sobre esta situación, quiero compartirte un recuerdo muy especial. Hace algunos años, una nueva vecina se mudó a la casa del lado de la nuestra, y en una de sus conversaciones, ella comentó, que su hermano menor, tenía como sueño el entrar a alguno de esos lugares donde había todo tipo de comida. Si, exactamente, este niño deseaba entrar a un restaurant buffet, donde iba pagar cierta cantidad de dinero y él iba a poder comer absolutamente todo lo que se le antojase sin restricción alguna. Mi nueva vecina decía que el entrar a un buffet, sería una maravilla. Primeramente, porque en el lugar donde vivíamos en ese entonces, no había un buffet y segundo, porque, al comer en un buffet, su hermanito comería como un rey. Cosa que, según ella, no había podido realizar,

> El deseo mágico que tenia este niño, el cual, al convertirse en realidad, le provocó vivir una pesadilla, debido a que no midió las consecuencias al comer con desenfreno

debido a que vivían en condiciones de pobreza y no tenían acceso a muchas cosas que deseaban, incluyendo cierto tipo de alimentos que *podrían encontrar en un buffet. Así pues, pasaron algunos meses desde que tuvimos esta conversación y ella mantenía presente el deseo de su hermano, y a la vez, también ella deseaba tener la oportunidad de vivir la experiencia. Por fin, tiempo después de repetir constantemente este deseo, su mamá y su hermanito tuvieron la oportunidad de "comer como reyes" en un restaurante buffet. Al principio, este travieso hermanito de mi vecina, se deslumbró al ver tanta comida junta. Para cualquier lugar al que él volteaba, disfrutaba el ver diferentes alimentos: pollo, carne de cerdo, carne de res, camarones, pan, papas fritas, gelatinas, pudines, pasteles de diferentes tipos y sabores, galletas, dulces, etc. Me imagino la cara de satisfacción y la alegría que este pequeñín sentía al ver su sueño convertido en realidad. Pues una vez que este angelito de Dios observó toda esa comida reunida en ese lugar, se dispuso a disfrutar del festín de colores y sabores y empezó a servirse comida de todo tipo. En un mismo plato revolvió el postre con verduras, frutas y platos fuertes. Él estaba dándose el banquete de su vida. Se servía una y otra vez, como si quisiese acabarse todo lo que veía, hasta que por fin, de tanta comida que ingirió su estomago no pudo más y empezó a sentir un agudo dolor en su estómago que se acrecentaba cada vez mas. Su mamá al ver que su hijo se retorcía y devolvía el estómago, pidió ayuda e inmediatamente tuvieron que llevar al niño al hospital debido al exceso de comida que había ingerido.*

¿Puedes creerlo? El deseo mágico que tenía este niño, el cual, al convertirse en realidad, le provocó vivir una pesadilla, debido a que no midió las consecuencias al comer con desenfreno. Quizás si este niño hubiera sido un poco más maduro, hubiera seleccionado los alimentos que iba a comer y los hubiese disfrutado más, sin haber terminado en el hospital, tal como finalmente sucedió.

Precisamente analizando este punto, podemos caer en la cuenta de que, si un deseo que podría ser tan inocente a los ojos de muchos, causó semejante desenfreno en un pequeño, ¿qué pasaría si muchas de las cosas que le pedimos a Dios, se nos fueran concedidas en un momento donde no estamos verdaderamente listos para recibirlo y actuar con madurez? Dios no se equivoca y precisamente por situaciones como la que vivió este niño, es que Dios no nos da lo que queremos y decimos necesitar, en nuestro tiempo, sino que, Él como buen padre, que tiene que determinar qué es lo mejor para sus hijos, escucha nuestras súplicas, oraciones y deseos, pero no los responde en el tiempo que queremos, sino en el tiempo que es preciso y en medida de lo que es mejor para cada uno.

Esto no quiere decir que tengamos que dejar de hacer nuestras peticiones porque Él solo responderá en su tiempo y en medida de lo que sea conveniente para nosotros. Esto quiere decir, que tenemos que seguir orando para hacerle saber a Dios que tenemos nuestra confianza puesta en Él y a pesar de todos nuestros deseos humanos, deseamos que se haga su voluntad y no la nuestra.

Santiago expresa algo muy importante en el capítulo 4 versículo 6, al dejarnos saber, que, "Dios se opone a los orgullosos, pero da gracia a los humildes". Con esto, Santiago nos da a entender, que, en muchas de las ocasiones que hacemos una petición a Dios, lo hacemos para enaltecernos y sentirnos mejor que los demás, pero esto, no es del agrado de Dios, por lo que tenemos que tomar en cuenta muchas cosas en el momento de hacerle alguna petición.

A continuación, estas son algunas sugerencias que pueden ser muy útiles para cuando quieras que Dios actúe a tu favor en alguna circunstancia o petición en especial:

1) *Cuando hagas una petición, déjale saber a Dios qué es lo que deseas o qué es lo que agobia tu alma, pero exprésale, que a pesar de tu añoranza o a que los problemas necesitan ser resueltos, quieres que se haga su voluntad y no la tuya. Siempre tenemos que anteponer la voluntad del padre, antes que la nuestra, porque hasta Jesús aun estando triste y angustiado por lo que estaba por venir antes de*

su crucifixión se lo expresó diciéndole: "Padre mío, si es posible, no me hagas beber este trago amargo, pero no sea lo que yo quiero, sino lo quieras tú" (Mateo 26, 39 NVI). Con

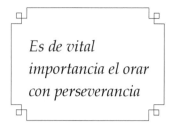

Es de vital importancia el orar con perseverancia

esto, Jesús nos deja claro que la voluntad del Padre, por difícil que parezca de cumplirse, tiene que ser primero antes que nuestra voluntad, porque finalmente quien tiene la sabiduría más grande en el universo entero es solo nuestro Padre Eterno y Él sabrá recompensar nuestra fidelidad.

2) *En el momento de orar para que Dios obre a nuestro favor, tenemos que pedir y agradecer como si ya hubiésemos recibido lo que hemos puesto a su merced. Mateo nos dice en el capítulo 7, versículo 7, que pidamos y se nos dará, busquemos y encontraremos, llamemos y se nos abrirá. "Porque todo el que pide, recibe, el que busca, encuentra y al que llama, se le abre", mas sin embargo, una oración sin fe, es como un vaso sin agua. Tenemos que poner toda nuestra esperanza y fe en nuestro Padre Celestial, porque como dice una canción muy popular "si tuvieras fe como un granito de mostaza la montaña se moverá".*

3) *Es de vital importancia el orar con perseverancia. En alguna ocasión venia escuchando la radio y el locutor estaba comentando una anécdota muy curiosa. Un hombre joven, aproximadamente en sus cuarentas, se entregó a la policía por un supuesto asesinato que él había cometido. Una vez que estuvo a disposición de las autoridades, el hombre fue sometido a una investigación exhaustiva, para llegar a fondo respecto al móvil del asesinato. Ya que se terminó la investigación, la policía se dio cuenta de que no*

había existido tal asesinato, lo que les sorprendió y llegaron a la conclusión de que, posiblemente este hombre deseaba tomarse unas vacaciones en la cárcel; cosa que en ese momento era imposible debido a que, no había delito que perseguir. Tiempo después, el hombre siguió insistiendo e insistiendo haciendo múltiples llamadas telefónicas al 911 declarándose culpable de haber infringido la ley de diferentes formas, hasta que, por fin, después de tantos intentos, fue consignado a la cárcel, acusado de dar mal uso al llamado de emergencia 911.

Definitivamente, esta es una historia muy curiosa y hasta cierto punto difícil de creer; pero fue la perseverancia de este hombre lo que lo llevó a cumplir su objetivo, el cual era permanecer en la cárcel por algún tiempo.

Así como este hombre, aunque no sea precisamente el mejor ejemplo, nos muestra que la perseverancia es indispensable para lograr nuestros objetivos personales, así tenemos que aplicarnos aguerridamente en la oración, para que nuestros fines sean escuchados y puedan tomar acción en nuestras vidas.

Uno de los mayores problemas que tenemos las personas, es que, quizás el día de hoy oramos por algo en especial, pero creemos que eso es suficiente y nos olvidamos de orar durante el resto del año. Esto representa una actitud negligente e irresponsable de nuestra parte hacia con Dios, porque Dios quiere que así como tenemos amigos en nuestra vida que deseamos preservar, así también Él quiere que le preservemos en nuestra vida, aun en los detalles más pequeños. Él desea que volvamos los ojos hacia a Él y no le demos la espalda como la mayor parte del tiempo lo hacemos.

Volviendo a la anécdota de este hombre que logró estar en la cárcel por deseo personal, es muy obvio que no logró llegar ahí en el primer intento. Tuvo que ser constante llamando y llamando, hasta que después de tantos intentos fue escuchado y atendido su deseo. Cada uno de nosotros también deseamos que Dios escuche nuestro llamado. Pretendemos que atienda nuestra llamada de emergencia, no precisamente para que nos metan en la cárcel, pero si, para salir de ella. Porque quizás estemos pasando por una situación muy difícil, posiblemente nos encontramos en una tremenda crisis financiera, es posible que deseemos encontrar un mejor trabajo, o quizás necesitamos que nuestros problemas familiares sean resueltos. En fin, cada uno sabe qué es lo que pasando en su vida y cómo lo está viviendo y aunque la vida de cada uno de nosotros sea diferente, tenemos algo en común, lo cual, es que, queremos que cuando le marcamos el 911 a Dios, nuestra llamada sea atendida de inmediato y sin mayor complicaciones.

Esto resultaría demasiado fácil y sencillo. Dios es tan grande que podría darnos todo lo que quisiéramos y podría resolver nuestra vida entera en menos de un segundo, pero esto no permitiría que el plan de Dios se concretara y sus planes fueran cumplidos. Lo que Él quiere, es convertirse en nuestra piedra angular y que dependamos de Él porque somos su creación, y definitivamente si no somos perseverantes en la oración, andaremos en la vida como ovejas sin pastor y sin rebaño.

4) *Otra cosa que es muy importante cuando oramos, es el hecho de agradecer por las cosas que ya han sido*

cumplidas. Digamos que hace un año atrás tuvimos un problema muy serio por el que, estuvimos orando para que Dios acomodara las cosas y fuese resuelta la situación. Pasado el tiempo, nos damos cuenta de que, ese problema ya no existe y como ya no existe, nos olvidamos de darle gracias a Dios por contestar a nuestra oración. O como ya no tenemos el problema encima, ignoramos totalmente el hecho de que, Dios si contestó nuestra oración. Claro, resulta mucho más sencillo hacernos de la vista gorda y pasar por desapercibida la bendición que Dios trajo a nuestra vida, que dedicarle el tiempo suficiente para agradecerle su gratitud y misericordia. Pero si realmente deseamos seguir recibiendo las bendiciones de Dios para con nuestras vidas, tenemos que ser hijos agradecidos y retribuirle por la obra que hizo en nosotros. Para esto, Él no nos pide que hagamos cosas imposibles, a Él le basta con que mantengamos una relación estrecha para con Él y que le convirtamos en el centro de nuestras vidas.

5) *Una última cosa que es de vital importancia el recordar, y quizás sea una de las más importantes es, el pedir con todos los deseos de nuestro corazón y ser específicos respecto a lo que queremos recibir. En muchas ocasiones somos flojos al pedir las cosas. Nos limitados a pedir algo sin pasión y sin entrega. ¿A caso alguien que quiere o necesita un aumento de salario, va a ir con su supervisor y le va pedir un aumento de 10 centavos? Por el contrario, yo creo que esta persona desearía mucho más que esto. Por este motivo, es preciso que esta persona haga su petición con deseo ferviente y teniendo bien claro lo que va a ser con esta cantidad de dinero que desea recibir. De igual manera, cuando se le pide a Dios, tenemos que tener una meta y una visión clara sobre lo que deseamos hacer cuando*

nos conceda la petición o cuando levantemos la cosecha. Porque de nada sirve el hacer peticiones que no serán útiles o nos llevarán a nuestra ruina y perdición. Dios quiere mujeres y hombres decididos que tengan objetivos bien plantados y con corazones dispuestos a recibir.

Capítulo VIII

⟨⟩

Periodo de silencio

El esperar en Dios en un proceso donde Él se encarga de medir el nivel de compromiso y lealtad de nuestro corazón. Podemos encontrar en las iglesias o en muchos otros lugares, personas que han estado esperando un milagro desde hace muchos años; mas sin embargo, Dios no actúa hasta que llega el tiempo que Él mismo ha definido para que su propósito sea cumplido. De esta forma, podemos ver personajes bíblicos que tuvieron que pasar por periodos de silencio donde tuvieron dos opciones: el seguir confiando en Dios y su misericordia o tomar sus propias decisiones para intentar lograr y cubrir sus propias necesidades o deseos.

Por ejemplo, tenemos a Abraham con quien Dios hizo un pacto muy importante y le prometió que su descendencia sería tan numerosa como las estrellas del cielo. El tiempo transcurrió y pasados 10 años de que Abraham había vivido en Canaán, la promesa que Dios le había hecho, aun no se había cumplido, por lo que, su esposa Saray le propuso que tuviera un hijo con su esclava Agar. Efectivamente, Agar le dio un hijo a Abraham cuando éste tenía ochenta y seis años, mas sin embargo y a pesar de haber esperado todo este tiempo, este hijo a quien llamó Ismael, no era el hijo que Dios le había prometido. Transcurrieron los años y Dios visitó nuevamente a Abraham y a su esposa a los cuales Dios les dejó saber que tendrían al año siguiente, un hijo a quien le llamarían Isaac. Tal como el Señor lo había dicho, Saray o Sara la esposa de Abraham le dio un hijo en su vejez a la edad de cien años. (Véase Génesis 15-21 NVI)

En este caso bíblico tan especial, podemos observar que Abraham y su esposa estuvieron esperando gran parte de su vida para que las promesas de Dios se cumplieran, mas sin embargo, llegó el tiempo en que ellos consideraron que era una época tardía donde ya no eran jóvenes y decidieron tomar la decisión de procrear un hijo con su sierva. De igual forma tenemos muchos otros casos, donde Dios hizo promesas a sus siervos, mas sin embargo, esas promesas no fueron cumplidas en el tiempo de ellos, sino en el tiempo que Dios les dio para cosechar, porque Dios nunca llega antes ni después, y tampoco es hijo de hombre para que no cumpla sus promesas, sino por el contrario, las promesas de Dios son promesas que son vivas e inquebrantables.

Pensando precisamente en las promesas de Dios y el tiempo de silencio al que nos somete, hace poco tiempo atrás, tuve la oportunidad de escuchar una historia muy interesante la cual habla sobre una persona que llegó al cielo y entonces se le llevó hacia diferentes lugares para conocerlo un poco más. En uno de los lugares al que esta persona llegó vio una puerta gigante y se llenó de curiosidad por lo que hizo la pregunta siguiente:

- ¿y qué hay detrás de esta puerta?-

El guía de esta persona abrió el portón gigantesco y le respondió:

*-Aquí es donde Dios guarda las bendiciones
que sus hijos rechazaron-*

Muy sorprendida esta persona dijo:

*¿Cómo es posible el que las personas pudiesen
rechazar semejantes bendiciones?-*

Esta persona estaba muy sorprendida porque las bendiciones que estaban almacenadas en ese lugar iban desde bendiciones espirituales, sueños por cumplir, promesas hechas por Dios, sanación tanto física, como emocional y espiritual, así como muchas otras peticiones materiales como casas, prosperidad económica, aumentos de sueldos, autos, e inclusive el hecho de convertirse en padres o esposos/as, etc. El guía que había sido asignado para esta persona muy firmemente respondió:

- No entiendo el porqué de tu sorpresa. Todas estas cosas serían repartidas a quien correspondía en el tiempo y el lugar que Dios había determinado, mas sin embargo, las personas que hicieron estas peticiones y esperaban recibir estas bendiciones, se dieron por vencidas fácilmente y dejaron de pedir. Permitieron que el enemigo sembrara la duda en sus corazones y dejaron de escuchar la voz de Dios y confiar en sus palabras. Entonces, como Dios es todo un caballero les permitió seguir su libre albedrío y ellos decidieron no confiar en Dios. Aun después de todo esto, Dios les siguió hablando a través de su palabra, a través de otras personas, e inclusive a través de sus propias vivencias, pero fue tan grande su desánimo que decidieron confiar en sus propias fuerzas y rechazaron todo lo que Dios había preparado para ellos. -

Esto es algo similar a lo tuvo que pasar Abraham y su esposa, porque ellos se cansaron de esperar en Dios y decidieron hacer su voluntad al no esperar en Dios y procrear un hijo que no era precisamente el hijo de la promesa. Es posible que estas dos historias nos hagan reflexionar sobre muchas cuestiones que estamos viviendo actualmente, ya que, en el periodo de silencio, Dios nos permite tomar decisiones de las cuales le van a limitar, o le van a dar cavidad para que las bendiciones que nos ha preparado sean aun mayores. Esto pareciera ser algo tan sencillo, mas sin embargo, es algo muy complicado de practicar cuando Dios nos somete a un periodo de silencio. Cuando esto sucede, Dios espera que nos humillemos ante Él, y más que esto, Él desea que levantemos *nuestra mirada y que confiemos en que, aun cuando no lo vemos, Él está trabajando para nuestro bien.*

Para reforzar y aclarar que esto no es una mera idea preconcebida, podemos dar un vistazo a Jeremías 29:11 donde es afirmado lo siguiente: "Porque yo sé muy bien los planes que tengo para ustedes –afirma el SEÑOR-, planes de bienestar y no de calamidad, a fin de darles un futuro y una esperanza". Cuando observamos este pasaje tan poderoso, podemos darnos cuenta de que Dios no tiene destinado el sufrimiento para el ser humano cuando Él guarda silencio, al contrario, aún en este tiempo sus planes tienen la finalidad de brindarnos un mejor futuro y una esperanza. Es por esto que en este periodo de silencio debemos poner nuestra total confianza en Él para honrarle y de esta manera motivarle para que nos bendiga grandemente, Dios se alegre junto con nosotros al hacerlo.

Precisamente y volviendo al tema de lo difícil que resulta el periodo de silencio al que Dios nos somete para probarnos, podemos observar otro pasaje bíblico en Hebreos 4:16 el cual dice: "Así que acerquémonos confiadamente al trono de la gracia para recibir misericordia y hallar la gracia que nos ayude en el momento que más lo necesitamos". En este sentido, Dios no nos somete a una prueba sin que nos de las herramientas para que salgamos vencedores, es por esto, que aún cuando estamos en este periodo donde no parece ocurrir nada y el desánimo quiere inquietar nuestra fe, Dios nos da pasajes como el mencionado, para que aun con todo lo que esté ocurriendo recordemos que tenemos acceso directo al trono de la gracia de la cual Dios puede derramar misericordia nueva cada mañana y cuando más lo necesitemos.

Es muy triste el darnos cuenta de que cuando Dios nos observa silenciosamente, muchos de nosotros dejamos de diezmar pensando en que todo está perdido. Si éramos generosos con nuestros semejantes, parece como si nos adentráramos en tiempo de carestía y ya no compartimos nuestras bendiciones. En este periodo de tiempo, parece

*que olvidamos el hecho de saber que la felicidad depende de la decisión
nuestra de confiar en Dios y en que Él tiene planes mejores que los
que nosotros mismos podemos tener para nuestra vida, porque aún
cuando creemos que estamos sufriendo Dios nos invita a formar parte
de su gloria cuando Él hace la afirmación siguiente:*

*"Así que nos regocijamos en la esperanza de alcanzar la gloria de
Dios. Y no sólo en esto, sino también en nuestros sufrimientos, porque
sabemos que el sufrimiento produce perseverancia; la perseverancia,
entereza de carácter; la entereza de carácter esperanza. Y esta esperanza
no nos defrauda, porque Dios ha derramado su amor en nuestro
corazón por el Espíritu Santo que nos ha dado" (Romanos 5:1-5
NVI).*

*Entonces, si sometemos esta palabra y le ponemos pies, podemos
darnos cuenta de que cuando Dios nos tiene en este periodo en el
que no nos gusta estar, Él desea que seamos perseverantes, ya que la
perseverancia moldeará nuestro carácter y cuando nuestro carácter es
moldeado la esperanza reina en nuestros corazones por el gran amor
que Dios nos ha dado a través de su Santo Espíritu. En referencia
a esto, recuerdo que en alguna ocasión el pastor anterior que se
encontraba en mi iglesia nos compartió una predicación muy especial
que marcó mi vida para siempre.*

*En esta predicación, Él hacía mención sobre la importancia de
perseverar en oración y él ejemplificó la perseverancia como el hecho
de que las oraciones se almacenaban en grandes copas. Obviamente,
entre mas oraciones se realizaban, mas pronto se llenarían esas copas
y entonces las copas serían derramadas sobre nuestras vidas en forma
de bendiciones que Dios tenía guardadas para nosotros. Mas sin
embargo, existen personas que se cansan de orar y de confiar cuando
la copa se encuentra a penas a la mitad y muchas otras cuando la copa
está a punto de derramarse y no se dan cuenta de que el tiempo de Dios
está cerca, y entonces las personas lo rechazamos justo cuando Él está
por brindarnos eso que tanto anhela nuestro corazón.*

Es muy triste el darnos cuenta de que esto ocurre y mucho más frecuentemente de lo que nos podemos imaginar. Yo te invito a que no te des por vencido/a o te rindas a la autocompasión y te sientas como una víctima cuando Dios no te da lo que le has pedido. Sino por el contrario, lucha contra las adversidades, pero siempre ríndele el honor que Dios merece y entrégale todo lo que eres y lo que anhelas para que cuando en lugar de estar en la banca observando, Dios te elija para ser parte del juego, salgas triunfante y anheles aún mas de Él y disfrutes mas de sus beneficios, porque Dios no nos da lo que queremos, sino siempre nos da aún mas y cuando confiamos en Él, nos da sueños que ni siquiera imaginamos o soñamos que serían realidad en nuestras vidas.

Capítulo IX

Autoridad

"*DEN GRACIAS AL SEÑOR, porque Él es bueno; su gran amor perdura para siempre. Que lo digan los redimidos del SEÑOR, a quienes redimió del poder del adversario, a quienes reunió de todos los países, de oriente y de occidente, del norte y del sur. Vagaban perdidos por parajes desiertos, sin dar con el camino a una ciudad habitable. Hambrientos y sedientos, la vida se les iba consumiendo. En su angustia clamaron al SEÑOR, y él los libró de su aflicción. Los llevó por el camino recto hasta llegar a una ciudad habitable. ¡Que den gracias al SEÑOR por su gran amor, por sus maravillas a favor nuestro! ¡Él apaga la sed del sediento, y sacia con lo mejor al hambriento! Afligidos y encadenados, habitaban en las más densas tinieblas por haberse rebelado contra las palabras de Dios, por menospreciar los designios del Altísimo. Los sometió a trabajos forzados; tropezaban y no había quien los ayudara. En su angustia clamaron al SEÑOR, y él los salvó de su aflicción. Los sacó de las sombras tenebrosas y rompió en pedazos sus cadenas.*" (Salmo 107 1-14 NVI).

A través de la historia, podemos percibir como Dios nos ha liberado de nuestros enemigos y nos ha dado la clave para saciar nuestra sed, nuestra angustia y desesperanza. El Salmo 107, es un claro ejemplo *de esta afirmación ya que, nuestros antepasados, cuando volvieron sus ojos a Dios y se arrepintieron de sus errores, Dios les perdonó sus pecados y les concedió la liberación. Junto con esa liberación les dio autoridad para tomar buenas decisiones y seguir sus mandamientos.*

Hoy en día, Dios sigue siendo el mismo que conocieron nuestros abuelos y como tal, también nos dio la autoridad para ser mejores cada día. Aunque, la realidad, es que millones de personas pasan por el mundo sin oficio ni beneficio. No saben qué hacer o porqué vivir. Pasan los días, los años, su vida entera y se encuentran transitando como vagabundos que perciben su existencia con una visión borrosa que no les permite el disfrutar y calmar las tormentas que se les presentan. Creo que todas las personas nos hemos encontrado en esta situación en mas de alguna ocasión. Nos sentidos perdidos en el universo, entre millones de personas que van corriendo de un lado hacia otro. Persiguiendo la supuesta paz que brinda el mundo.

Esta situación, no es algo nuevo, se ha repetido a través de todos los tiempos. Nuestros antepasados estuvieron buscando diferentes maneras de conseguir la paz que tanto necesitaban, pero tocaron puertas ajenas a las puertas que Dios les había encomendado. Muy a pesar de esto, Dios fue, será y seguirá siendo bueno y poderoso. Él nos ha dotado con una autoridad única para reafirmarnos en Él y confiar ciegamente en Él, teniendo como base la fe, sus promesas y el gran sacrificio que hizo con su hijo Jesucristo para salvarnos de la miseria humana.

Al hablar de autoridad, podemos recordar la experiencia que pasaron los discípulos de Jesucristo cuando estuvieron en medio de la mar y una tormenta les asechó. Una sensación de inseguridad les invadió el corazón y sintieron que morirían ahogados. La desesperación ante la tempestad, les obligó a despertar a Jesús, haciéndole sentir la inseguridad que sentían ante la situación que se les presentaba. Pero Jesús, siendo el hijo de Dios, reprendió con autoridad la furia del mar y a los discípulos diciéndoles: "Hombres de poca fe - ¿Por qué tienen tanto miedo?" (Mateo 8, 26 NVI). Entonces los discípulos se quedaron asombrados ante el poder que estaban presenciando. De lo que no se dieron cuenta, es que Dios les había dado la autoridad para aplacar esa tormenta por ellos mismos, pero su fe era débil e insuficiente como tomar esa autoridad para realizarlo.

Tristemente, esta es una situación que se repite día con día con todos los seres humanos, no nos damos cuenta de la autoridad tan grande que Dios nos ha dado, pero es tiempo de hacer conciencia sobre esto, porque Él nos ha dicho, que todo lo que sea pedido en el nombre de su hijo Jesucristo, será concedido, por supuesto, para que esto sea cumplido, también tenemos que someternos y seguir sus mandatos.

Así pues, es tiempo de ejercer esa autoridad que Dios ha dado sobre nuestras vidas y sobre el mundo entero. Es tiempo de dejar caer esa venda de los ojos que no nos deja ver claramente. Tenemos que darnos cuenta de que tenemos autoridad para sentirnos verdaderamente como hijos del Todopoderoso y Rey de Reyes quien nos ha brindado un reino aquí en la tierra para conquistar. Dios ha puesto un poder muy especial en nuestras vidas que sobrepasa el entendimiento humano. Nos ha dotado de talentos que tenemos que ejercer, precisamente con autoridad para poder reconocerlos y utilizarlos para sus propósitos. En el reino de Dios, no existen coincidencias y si no has descubierto la grandeza que hay en ti, es tiempo de que te sacudas, te mires en el espejo y veas la maravilla que Dios ha hecho en ti.

Podemos pasar cantidad de tiempo justificándonos pensando que no tenemos nada que ofrecer para el mundo y nos convertimos como parte del mundo, sin recordar que Dios nos separó y nos dio sueños que Él respaldará para ver cumplida su obra.

Otra cosa que también tenemos que recordar, es que, el no reconocer que tenemos talentos, es negarnos como parte de la creación de Dios, pero eso no quiere decir que no tendremos que rendirle cuentas sobre lo que Él nos ha dado, sino por el contrario, al que mucho se le ha dado, mas se le exigirá. Pero claro, como seres humanos y negligentes que somos, nos es mucho más fácil, pretender ser débiles, inútiles y poco merecedores de las promesas que Dios nos ha dado. Por eso, hoy es preciso el aceptar y puntualizar, que tenemos esa autoridad para cambiar nuestra situación presente, para mejorar nuestras relaciones familiares, emprender eso que nunca nos hemos atrevido, hacer la llamada telefónica que hemos estado posponiendo, aceptar que hemos cometido errores, pero también aceptar que esos errores nos ayudaron a ser quienes hoy en día somos. Tenemos que despertar de esta pesadilla y buscar ese empleo que tanto añoramos, es verdad que Dios nos ha brindado herramientas para salir adelante, pero también es verdad que Dios no llenará los documentos y requisitos, que precisamente tú o yo tenemos que llenar para obtener eso que tanto añoramos. Dios abrirá las puertas y nos dirigirá hacia el camino, pero si somos negligentes, estaremos perdiendo la oportunidad que Él tenía preparada para nosotros.

Hoy es el día de olvidar la traición que alguien nos hizo y es necesario el abrir el corazón y amar nuevamente, pero ahora en plenitud, recibiendo un amor diferente que trae gozo y llena todos los vacios que existen en tu vida. En este mismo instante, es preciso el dar gracias por todo lo que ha llegado a nuestra existencia, porque el que sea fiel en lo poco, será puesto en lo mucho y su copa rebosará en abundancia. Será como un árbol plantando junto a un rio, el cual dará sobreabundantes frutos y echará raíces que ni la tempestad, ni la tormenta logrará arrancar del lugar donde Dios le ha plantado. Ahora es el tiempo señalado por Dios para que le confíes tus sueños, tus anhelos, tus inquietudes, sufrimientos o alegrías para recibir la unción con la que Él desea cubrirte, y no solo a ti, porque si tu eres salvo, toda tu casa lo será y te convertirás en agente de cambio y conversión para los que no creen, porque serás bendito entre los benditos, con la autoridad para bendecir a otros por estar en los caminos de Dios y ninguna fuerza podrá torcerte.

Recuerda que eres único e irrepetible. Dios te ha grabado en la palma de su mano porque eres especial, y Él puede ser un padre, una madre, un esposo o esposa, un amigo o cualquier cosa que necesites que Él sea, porque tienes el privilegio y el acceso para pedirle llenar todos los vacíos que no has podido llenar con comida, dinero, sexo, fama, drogas, alcohol o cualquier cosa que hayas tratado de usar para llenar tus vacíos y sanar las heridas que el mundo te ha causado.

Jamás dudes lo importante que eres para Dios. Él te seleccionó de entre millones para ser amado de una manera especial y única. Te dio la vida y te hizo a su imagen y semejanza, con autoridad para descansar en su regazo y para recibir los frutos de tu obediencia.

En muchas ocasiones creemos que fue un error el que Dios nos haya dado la vida y atentamos contra ella de diversas formas. Pero tenemos que creer que si tenemos la oportunidad de estar en este mundo, no es una coincidencia, sino una realidad palpable porque Dios quiere llenarnos de bondad y amor. En este sentido, Dios nos dio la vida y tenemos libre albedrío para tomar decisiones y de igual manera, tenemos la autoridad para seguir los caminos de vida y no los de muerte. Por eso, el día de hoy, es necesario que te levantes, aprecies lo que eres y des gracias al Creador por darte la vida y todas las cosas que te rodean.

Eres un ser magnífico en camino a la perfección, no desperdicies tu vida viviendo en la oscuridad y el desaliento. Repito nuevamente, sacúdete, sé valiente y esfuérzate, que Dios tiene miles de promesas para tu vida, pero no es posible el recibirlas si no estás listo para ser bendecido. Reacciona, que aún es tiempo. Date la oportunidad de vivir la vida, no de vivir por vivir o vivir la vida loca, pero sí de dejar una huella en el corazón del mundo, de ser un ejemplo para quienes te rodean, de ser una buena hermana capaz de ser guía de los más pequeños, ser una hija admirable, una esposa fiel y con convicción, un esposo amoroso y expresivo. Es preciso el convertirte en lo que realmente mereces ser.

Jamás olvides que tú tienes la autoridad para vencer en los campos de batalla, para vencer la depresión que quizás está carcomiendo tu vida, de dejar actividades que dañan tu ser, de alejarte y orar por personas que te lastiman continuamente y te hacen sentir inferior. Tienes autoridad para amar a Dios y amarte a ti misma/o con respeto y con medida. Tienes autoridad para vencer los obstáculos que el enemigo ha puesto en tus pensamientos y en tu vida diaria. Tienes autoridad para darte cuenta de que eres suficiente para cumplir la misión que Dios quiere que tú cumplas, y también tienes que ser consciente, de que si tú no lo haces, Él llamará a alguien más para que lo haga y reciba las maravillas que vendrían con ello.

Tienes autoridad para vencer el mal humor que aqueja tu vida, para librarte de enfermedades que el enemigo ha puesto en tu mente, y también autoridad para disfrutar de todo lo que Dios te ha dado. Tienes la autoridad de desistir y rechazar lo que no es bueno para tu vida y está representando una piedra de tropiezo. Tienes autoridad de sentirte inmensamente amada/o.

En ti está la autoridad para que al caerte, aceptes tu caída, pero te levantes con más fuerza y mayor conocimiento, pensando que la próxima vez que enfrentes una situación similar, será mejor y tendrás mayores oportunidades. Tienes una inmensa autoridad para orar y conseguir un empleo donde puedas usar tus talentos y habilidades y de esta forma, bendecir a otros. Tienes autoridad para cubrirte de pureza y actuar con integridad en cualquier situación cotidiana que pueda surgir. Eres capaz de cumplir tus promesas y dar lo mejor de ti misma/o en cualquier proyecto que te sea encomendado, sin importar cuán grande o pequeño es el salario y más aún, si ni siquiera recibes un pago monetario por realizarlo.

Tienes autoridad para aceptar a Dios en tu vida sin importar lo que otros piensan, porque finalmente, tú serás un ejemplo para ellos y terminarás tocando sus vidas por medio de la gracia que Dios ha puesto en ti. Tienes autoridad para salvar a tu familia de la ruina espiritual en la que el enemigo les quiere ver sumergida.

Tú eres un milagro de Dios andante...

Sé amable mientras caminas y observas al mundo, permítete ser actor y no espectador de tu vida porque otros no pueden decidir lo que es mejor para ti, pero Dios lo sabe y te moldeará de acuerdo a lo que necesites. Pide a Dios que te haga mejor cada día y regocíjate en su presencia, porque tarde o temprano, todo te será dado por añadidura.

¿Deseas asumir la autoridad que Dios te ha dado sobre tu vida? Ora conmigo: Padre Eterno quien me ha creado y desde antes de ser engendrada/o me llamaste por mi nombre y me elegiste para ser tu hija/o, te pido en este día que me des la fortaleza para ser la/el hija/o que tú quieres que sea. Te pido que libres mi corazón de cualquier sentimiento derrotista que el enemigo haya puesto en mí y te pido que me permitas ser un discípulo que a donde quiera que vaya pueda dar testimonio de tu Grandeza y de tu Gloria. En el nombre de Jesús AMEN.

Capítulo X

Jesús camina entre nosotros

*E*videntemente, a millones de personas nos gustaría tener la oportunidad de pasear al lado de Jesús y escuchar directamente la voz de Dios a través de Él. Manifiestamente, esta sería una tremenda experiencia para cualquier creyente. Imaginemos que de pronto Jesús regresa al mundo y te escoge a ti o a mí, para ser una de esas personas con las que compartirá físicamente el pan, el vino, los milagros y la esperanza eterna. Yo creo que, somos millones de personas quienes nos sentiríamos dichosos, si tuviésemos esta experiencia. Sin embargo, es erróneo el pensar que tenemos que esperar hasta su regreso para poder sentir su presencia o hacer lo que nos mandó hacer. Porque es un hecho que Jesús permanece entre nosotros. Su esencia divina está presente en cada partícula del universo en el que vivimos. Jesús nunca ha dejado de existir y camina por las veredas que recorremos diariamente.

Muchos podríamos imaginar que Jesús se tomó un receso después de su crucifixión y abandonó este mundo temporalmente, pero no es así. Recordemos que cuando María Magdalena fue al sepulcro de Jesús, la piedra con que se había cubierto la entrada, estaba removida. Entonces, María Magdalena pensó que se habían llevado a Jesús y solamente habían dejado las vendas y el sudario con que se había cubierto su cabeza. Mientras lloraba doloridamente, dos ángeles *vestidos de blanco le preguntaron el porqué de su llanto, a lo que respondió, que se habían llevado a su Señor y esa era la causa de su tristeza. Fue entonces cuando se sorprendió al darse cuenta que Jesús estaba posado de pie frente a ella (Véase Juan, capítulo 20).*

Con este pasaje, podemos darnos cuenta de que Jesús jamás ha abandonado la creación de su Padre. A pesar de todo el dolor que le fue causado, Jesús seguía entre las personas que le rodeaban, así como lo está actualmente entre nosotros. Posteriormente, a la aparición que hizo Jesús a María Magdalena, se les apareció a sus discípulos, pero el discípulo Tomás, no estaba presente. Cuando los discípulos le contaron a Tomás lo sucedido, Tomás les respondió: "Mientras no vea yo la marca de los clavos en sus manos, y meta mi dedo en las marcas y mi mano en su costado, no lo creeré" – repuso Tomás. Una semana más tarde estaban los discípulos de nuevo en la casa, y Tomás estaba con ellos. Aunque las puertas estaban cerradas, Jesús entró y, poniéndose en medio de ellos, los saludó. -¡La paz sea con ustedes!". (Juan 20, 24-26 NVI). Que experiencia tan increíble vivió Tomás, pero fue hasta no ver a Jesús con sus propios ojos cuando creyó que Él permanecía entre ellos.

La aparición de Jesús a María Magdalena y sus discípulos, ocurrió hace muchos años atrás. Precisamente muchos años atrás, fue cuando Jesús pisó la tierra humana y pagó el precio por nuestros pecados y nuestra salvación. Pero esto no terminó ahí, porque su gracia permanece día con día y minuto a minuto entre nosotros.

¿Hasta no ver creer? ¿Es difícil el concebir la idea de su diaria presencia en nuestras vidas?. Desafortunadamente muchos de nosotros vivimos como Tomás y decimos que hasta no ver, creeremos. De igual manera, también podremos ser capaces de afirmar que no hemos tenido la misma oportunidad de estar con Jesús y conocerle, porque nos tocó vivir en épocas diferentes. Podemos también pensar, que su venida a este mundo, fue solo un hecho que marcó la historia y solo es eso, parte de la historia que recordamos cada año cuando celebramos

la Navidad o la época de pascua. Pero déjame decirte que su estancia en este mundo, no fue solo un hecho histórico, es un hecho real que se tiene que vivir segundo a segundo, porque sus milagros están vigentes.

Jesús en su estancia terrenal, realizó muchos milagros. Por mencionar algunos, podemos recordar la resurrección de Lázaro, la multiplicación de los panes y peces, así como la sanidad física de sordos, cojos, mudos, entre otros. A pesar de esto, las personas de su tiempo tuvieron diferentes reacciones ante la presencia de Jesús. Algunos le admiraron, le reconocieron como el Hijo de Dios y otros le envidiaron, lo trataron de impostor, lanzaron blasfemias en su contra y terminaron por azotarle, humillarle, golpearle brutamente y crucificarle como si fuese un ladrón. A pesar de todo esto, Jesús hizo la voluntad de su Padre hasta el último instante de su vida terrenal.

Todas estas situaciones podrían parecer ajenas a nuestras vidas porque estamos viviendo en épocas distintas donde la calidad de vida es diferente y esas cosas que sucedieron son parte del pasado. Es verdad que algunas situaciones si son distintas; mas sin embargo, el sacrificio que hizo Jesús al ser crucificado, no lo hizo solamente por las personas de su época. Lo hizo por ellos, nuestros antepasados y también lo hizo por ti y por mí y nuestras futuras generaciones para brindarnos la capacidad de ser perdonados por nuestros pecados. Esto pudiera parecer un poco ilógico ante la razón humana. ¿Para qué querría Dios sacrificar a su Hijo por personas egoístas e insensibles a sus mandamientos y a sus planes? La respuesta es muy sencilla. El amor de Dios es tan grande, que sacrificó a su Hijo muy amado para darnos la salvación y la vida eterna. Pero aún obteniendo esta respuesta, y sabiendo cuan inmenso es el amor de Dios para sus hijos, pueden quedar miles de dudas al respecto, como las dudas que tenia Tomás. Por eso, Dios nos pide que seamos hombres y mujeres de fe, porque teniendo esa fe, seremos capaces de presenciar todos los milagros que Dios ha hecho y hará en nuestras vidas, y en la vida de nuestros semejantes.

Podemos permanecer horas, semanas, meses, años o inclusive la vida entera hablando sobre el tema de Jesús y su presencia o ausencia en nuestras vidas, porque, en muchos sentidos, ha sido más fácil para el ser humano el olvidarse de Dios y sus designios. Si los seres humanos fuésemos capaces de permanecer en obediencia ante sus llamados, no existiría pobreza en el mundo o injusticias causadas por seres ambiciosos que entre más tienen, mas quieren tener en el plano terrenal y material; mas sin embargo, se han olvidado de construir en el plano espiritual y más grave aún, han olvidado el hecho de desarrollar una relación con Dios. Esto resulta una pérdida de tiempo o una pérdida económica para ellos, porque tendrían que desarrollar hábitos y sensibilidad, que en la gran mayoría de los casos, no tienen cavidad en el mundo de los negocios. Pero Dios es tan grande que aun con todas estas situaciones que no son agradables ante sus ojos, usa las bajezas humanas para hacer brillar más su majestuosidad y su misericordia. De no ser así, no veríamos los milagros que ha hecho en el siglo en el que vivimos. Por ejemplo, hoy en día Dios ha sanado individuos que han estado enfermos por años. Existen personas que inclusive han visto innumerables médicos que no les han brindado esperanza alguna, porque por supuesto, son innumerables los seres humanos a los que llamamos médicos, quienes fueron enriquecidos con sabiduría terrenal, mas sin embargo tenemos un Doctor de doctores que todo lo puede y creó cada célula de nuestro cuerpo, cada nervio de nuestro sistema, cada neurona de nuestro cerebro. Él mejor que nadie conoce cada línea que definen las partes de nuestro rostro y tiene contado cada uno de nuestros cabellos. Nos conoce de principio a fin y sabe de nuestras inquietudes aun antes de que estas salgan a flote en nuestras vidas. Él conoce de nuestras flaquezas y nuestras enfermedades, y solo Él es capaz de sanar nuestro cuerpo, nuestra mente y nuestra vida de principio a fin.

Hoy en día también existen personas que han conocido todos los placeres del mundo; mas sin embargo, han llegado a tener tanto, que todas esas riquezas y placeres, les han carcomido la existencia. Por fortuna, muchos otros han conocido la riqueza y el placer más inmenso que existe en el universo entero; si, efectivamente, se trata de nuestro Dios amoroso. Un Dios de poder y de misericordia que se apiada cuando reconocemos nuestras faltas y le buscamos con fervor aún después de haber fallado una y otra vez.

Por otro lado, hoy en día todavía existen escépticos quienes creen que Dios es un invento del hombre para justificar lo que no es justificable ante el razonamiento humano, sin embargo también es un hecho, que el razonamiento humano no podría entender el amor gigantesco que tiene Dios para su creación, porque es tan grande, que no existiría una justificación que el hombre pudiera dar, para explicar todas las cosas que Dios hace día con día para nosotros. Yo no tengo duda alguna de que Jesús se encuentra entre nosotros, pero no es posible el percibirle si no se está dispuesto a tener un corazón abierto y darle el lugar que merece en nuestras vidas.

De esta forma, Jesús nos habla cuando estamos alegres y hace saltar nuestro corazón con un gozo inmenso. Él se hace presente cuando estamos tristes y sentimos que el mundo se nos vino encima y no tenemos esperanza. Pero de pronto, en medio de la desolación, algo pasa que cambia el panorama y nos brinda una luz de esperanza. ¿Has vivido esta experiencia? Por supuesto que la has vivido porque Dios está contigo.

Ahora, en este preciso instante, me viene un recuerdo de mi infancia muy significativo. Hago remembranza de que, en una ocasión, decidí que ese día seria un día muy especial porque sería una hija obediente ante los mandatos de mis padres. Recuerdo que, hice el propósito de realizar las actividades que mi madre me pidiera sin hacer ninguna clase de reclamación o gesto desagradable ante su petición. Debo confesar, que no hice esto porque deseaba agradar a los ojos de mi madre, sino porque, tenía una petición muy especial que hacerle a Dios. Desde siempre había deseado soñar con un Ángel. Así que, ahora yo estaba segura de que, por mi buen comportamiento, Dios me concedería mi petición. Pues finalmente, transcurrió el día entero, no tuve discusión alguna con mi madre sobre las labores que tenía que realizar. Todas las actividades las realicé sin reclamo o berrinche alguno. Al llegar la noche, le pedí a Dios con todo mi corazón que me concediera conocer un ángel, aunque fuera a través de mis sueños. Con esta petición, cerré mis ojos y me dispuse a soñar. Mentiría si dijiese que recuerdo mi sueño completamente, pero si puedo afirmar, que esa noche, en mi sueño yo corría hacia una montaña que jamás había visto en la realidad, pero era una montaña hermosa llena de luz. Yo recuerdo que corría y sentía una paz muy especial que hacía mucho tiempo no había sentido. Mi corazón estaba rebosando de alegría y junto conmigo, había un ángel corriendo a mi paso (realmente quien corría era yo, el ángel volaba junto a mi) y estaba sonriéndome de una manera supernatural. Ahora me doy cuenta de que en ese instante, Dios y Jesús estaban conmigo, respondiendo a la petición de mi corazón, que había hecho con una fe inmensa. Recuerdo esa escena tan sublime y no puedo evitar el sentirme dichosa y consentida. Y en este preciso instante, puedo entender la palabra escrita en Job 33:14-15 la cual expresa: "Dios nos habla una y otra vez, aunque no lo percibamos. Algunas veces en sueños, otras en visiones nocturnas, cuando caemos en un sopor profundo, o cuando dormitamos en el lecho".

Sin lugar a duda, grande es su ternura y calidez para sus hijos. Si bien hay personas que dudan que Dios y su hijo están entre nosotros, es una verdadera lástima, porque están perdiendo un mar de dicha, como la que, de manera personal, he podido percibir y no solamente yo, sino los millones de personas que permiten que su presencia esté en sus vidas.

Dios me ha dado la oportunidad de empezar a trabajar recientemente con una agencia de salud mental, en donde mi función primordial, es *trabajar con niños y adolescentes que tienen algún tipo de problema emocional o psicológico. Un par de días atrás coordiné una reunión entre una familia y otras personas de organizaciones comunitarias, para hacer un sondeo sobre qué servicios serían más propicios para un adolescente en especial. Cuando la reunión se inició, elaboramos un plan para que, en caso de que esta persona tuviera una crisis, todos los que colaboramos en su caso pudiéramos estar preparados para responder adecuadamente y evitar que sucediera algo inadecuado o que esta persona se dañara a sí mismo. Cuando estábamos elaborando este plan, la madre del adolescente interrumpió la sesión para decir a su hijo lo siguiente:*

--Ahora es tiempo de hablar sobre el milagro que sucedió contigo. Yo sé que lo que a ti, te lleva a una crisis, es que en ciertas ocasiones, escuchas voces que los demás no escuchamos (la madre se refería a voces que los pacientes solo escuchan en su cerebro y no son voces que el resto del mundo pueden escuchar) o cuando ves todas esas cosas raras que surgen de tu imaginación. Sé que en este preciso momento, no estás escuchando esas voces ni vez cosas raras. Pero, ¿recuerdas cuando estuviste en el hospital de salud mental? Te llevamos de emergencia porque estabas escuchando esas voces y no pudiste controlar la situación, por lo que, tomaste una sobredosis de tylenol. (El tylenol es un analgésico de venta por medio de receta. Este narcótico tiene el potencial de aliviar el dolor, pero causa sueño. La sobredosis de este narcótico, puede causar la muerte).

Cuando te llevamos al hospital, todos los miembros de la familia nos sentíamos culpables porque no sabíamos hasta donde te iba a llevar lo que estaba pasando. Todos estábamos ahí, esperando noticias sobre tu situación y al mismo tiempo, no descartamos la posibilidad de recibir también la peor de las noticias. No nos explicábamos el porqué habías decidido el hacer lo que hiciste, pero nos dimos cuenta que no habíamos hecho lo suficiente por ti, y no te habíamos brindado la ayuda y el apoyo suficiente para sobrellevar tu problema. Toda la familia estábamos afuera de tu habitación consternados y culpándonos a nosotros mismos sobre lo ocurrido, fue entonces cuando una de las personas que estaba colaborando en tu caso, interrumpió nuestra falta de sosiego, para prepararnos y estar listos para escuchar la peor de la noticia. Esta persona empezó explicándonos que tu cuerpo lucía como un cadáver. Estabas pálido y no había esperanza de que sobrevivieras. Los médicos habían hecho todo lo posible y solo estaban esperando a que tu cuerpo dejara de respirar y fallecieras. La familia entera se estremeció con la noticia y a partir de ese momento, quedamos en la espera de confirmar la terrible noticia. La persona que habló con nosotros, también especificó que en el remoto caso de que sobrevivieras y pasaras la noche, tu hígado no funcionaría más, porque la dosis que ingeriste fue muy grande y tu hígado estaría inservible. De cualquier manera tendrías el mismo final. Solo sería cuestión de esperar unos minutos, horas, o en el mejor de los casos, sería un par de días.

Todos los presentes, nos volteábamos a ver a unos otros, sin decir nada, pero sintiendo una carga y tristeza con las que no podíamos mas. Acabamos de recibir la noticia de que, en cualquier momento te perderíamos y no había nada que podíamos hacer al respecto. Minutos después de esta noticia tan desconcertante, algunos miembros de mi iglesia fueron a orar por ti. Cuando ellos salieron de tu cuarto, la familia entera decidimos que pasaríamos los últimos momentos de tu existencia acompañándote hasta tu último suspiro. Entramos al cuarto donde te tenían y nos sorprendimos grandemente. Lucías muy pálido, como un cadáver; tal como lo había dicho la trabajadora social, pero estabas jugando con un video juego. Entonces nos preguntamos, que si ¿de qué se trataba todo esto? Nos acabamos de enterar de que ibas a morir y te veíamos de una manera tan tranquila y sin perder detalle a tu juego. Si no fuera porque estabas pálido como papel, nadie podría decir que estabas enfermo y esperando tu turno para abandonar este mundo. Cuando te vimos de esa manera, llamamos a la trabajadora social para que te viera, y que los médicos te revisaran nuevamente.

Y si, te revisaron nuevamente, hicieron varios estudios a tu hígado y sin explicación alguna, tu hígado estaba perfectamente. Sin daño alguno como si nunca te hubiese tomado esa dosis tan grande de tylenol. Ahora bien, te voy a decir, esto es algo que la ciencia no puede explicar, porque ante ellos, no hay explicación alguna, pero lo creas o no, tú eres un milagro —

Cuando la mamá del adolescente terminó de contar esta historia, los que estábamos presentes, no podíamos evitar el sentir como nuestras pieles se erizaban al escuchar la intensidad con la que esta madre narraba esta trágica experiencia que terminó de manera tan increíble. Al igual que este caso, existen millones y millones de milagros que Jesucristo sigue haciendo alrededor del mundo. ¿No lo crees? Espera tu milagro, porque cuando menos lo esperes y cuando menos lo creas posible, Dios tocará a tu vida y te hará participe de algo tan increíble, que tu vida dará un giro de 180 grados y sucederá lo inexplicable ante la razón humana o ante la ciencia. Yo no te conozco y no sé qué es lo que esté pasando en este momento, pero puedo decirte que Dios ha observado cada uno de tus pasos y ha estado contigo en tu valle de lágrimas y en tu época de sufrimiento. Él ha caminado contigo por ese calvario que has vivido, pero hoy, Él quiere que sepas, que ha llegado el día para poner fin a tu sufrimiento y para que venzas el dolor que te ha estado aquejando desde hace tantos años. Ahora es el tiempo en que prosperarás y tendrás eso que tanto añoras. Ha llegado el momento en que serás tierra fértil y no serás nunca más tierra abandonada. Serás tierra deseada y como árbol que ha sido plantado bajo las faldas del rio. Árbol que será frondoso y no se secará, prosperará y dará fruto en abundancia a su debido tiempo. Serás como la casa cimentada en roca firme y esa roca firme será tu Señor, y no habrá tempestad alguna que te derribe porque Él será tu piedra angular. La piedra que desecharon los constructores, pero ahora es la piedra que sostiene al mundo entero. Es tiempo de recibir tu milagro…ESPÈRALO y vela como guardián celoso porque llegará y muy pronto.

Angélica Villaseñor

"Dichosos los que me escuchan y a mis puertas están atentos cada día, esperando a la entrada de mi casa. En verdad, quien me encuentra, halla la vida y recibe el favor del SEÑOR" (Proverbios 8:34-35 NVI).

Capítulo XI

Grandes cosas por venir

*E*n más de alguna ocasión, he tenido la oportunidad de escuchar una canción bellísima, la cual habla sobre grandes cosas que están por venir y grandes cosas que están por hacerse en las naciones.

Hubo un momento en particular de mi existencia, en el que, estaba atravesando por situaciones difíciles en las diferentes áreas de mi vida. Mi relación familiar resultaba una carga pesada de llevar. Tenía muchas confusiones profesionalmente y por si fuera poco, me enteré del regreso de cierta persona que conocí en mi pasado. Esta persona me había lastimado mucho emocionalmente; o mejor dicho, yo le permití que me lastimase y al final de cuentas, creo que ambos nos lastimamos mutuamente y ahora su regreso me causaba incomodidad. Todas estas situaciones me hacían sentir confundida. Yo era como una ola del mar que iba de un lado para otro, sin rumbo fijo y sin tener nada claro. Parecía que el sentido que debía tener mi existencia, estaba muriendo poco a poco y necesitaba encontrar algo que me sujetase y me levantara nuevamente con fuerzas renovadas. Agregando un poco más al pesimismo y para completar el banquete de los males, esta había sido una semana terrible, donde aparte de sufrir de incongruencia, me había negado a escuchar a Dios y me sentía muy molesta por todas las cosas que estaban sucediendo. Para ser más exacta, me sentía decepcionada y sin ganas de luchar. Sentía ganas de echar por la borda todo lo que Dios me había permitido construir.

Por fortuna, y muy a pesar de mi desánimo y sentimiento de derrota, el domingo de esta semana, me preparé; y aún arrastrando mi tristeza, asistí a la iglesia como cualquier otro domingo. Pero este domingo, yo esperaba que fuese un domingo muy especial, ya que, estaba esperando recibir buenas nuevas y consuelo para continuar viviendo. Definitivamente, necesitaba una descarga de bendiciones para que mi ánimo se re-estableciera y pudiera continuar con mi vida normal, ya que, me sentía decaída y sin fuerzas para luchar más. Lidiando contra la impotencia y el agobio, estaría presente en ese lugar.

Temprano por la mañana preparé mi ropa, maquillé mi rostro y prendí la camioneta. Manejé durante veinticinco minutos y estacioné mi camioneta en el lugar de siempre. Me bajé y caminé aproximadamente dos metros para abordar la puerta de la entrada principal de la iglesia. A los costados de esta puerta, se encontraban los ujieres recibiendo amablemente a todos los asistentes. Entre ellos me encontraba yo, con cara de desvelo y de pocos amigos, pero presente. Me dirigí a ocupar el lugar de siempre, pero en el trayecto hacia el lugar que ocuparía para el servicio, algo empezó a cambiar. Mis pies empezaron a sentirse livianos y el ciño de mi frente empezó a relajarse lentamente. El ambiente era fresco, muy agradable y como fondo, se escuchaba música tenue con la que el coro de la iglesia repetía una y otra vez: "Grandes cosas por venir, grandes cosas por hacer en las naciones", "Grandes cosas por venir, grandes cosas por hacer en las naciones". Esta frase era repetida una y otra vez. En ese instante sentí que mi rostro se iluminaba y mis pupilas se dilataban. No estaba mirando nada extraño, pero ese canto hacia que mi cerebro diese vueltas y vueltas y repentinamente, mi desánimo desaparecía lentamente, hasta que mis labios no resistieron más y también entonaron ese canto. "Grandes cosas por venir, grandes *cosas por hacer en las naciones". Ahora no solo el coro estaba cantando, sino mis labios eran cómplices y repetían una y otra vez esa misma frase poderosa: "Grandes cosas por venir, grandes cosas por hacer en las naciones", "Grandes cosas por venir, grandes cosas por hacer en las naciones". De pronto la iglesia parecía ser una reunión celestial con ángeles trayendo buenas nuevas para todo el afligido y cansado. Porque Dios libera de las cargas al cansado y afligido. Él cambia la tristeza por esperanza y la desventura por prosperidad.*

Ahora recuerdo ese momento y me doy cuenta que sufría por necia, porque es tan fácil el dejar las cargas en manos del Señor, que si me hubiese dado la oportunidad de confiar en Él y poner mi situación catastrófica de aquellos momentos, todo hubiese sido más fácil y me hubiera sentido llena de paz y no habría hecho tanto drama por estas experiencias. En fin, yo creo que Dios me permitió el vivir esto, para que, una vez que volviera mi vista atrás me diera cuenta de la grandeza de Él y su infinita misericordia. Aun en esos momentos de tristeza y oscuridad, Dios estaba obrando en mi vida, para que el día de hoy pueda florecer y dar fruto.

"Grandes cosas por hacer, grandes cosas por venir"… palabras simples pero con un gran significado y poder. Recuerdo ese día en la iglesia y me doy cuenta de todas las cosas grandes que Dios ha hecho en mi vida y las grandes cosas que está por hacer. Claro, ahora estoy en una etapa de mi vida donde existe un abismo de diferencia entre la persona que fui años atrás y la persona en la que me he convertido porque, no siempre mi temple ha sido este. Durante muchos años mis pensamientos estaban llenos de toxinas que me estaban asfixiándome lentamente. Casi el noventa por ciento de mis pensamientos eran negativos y mi vida estaba ensombrecida con grandes sentimientos de derrota y mediocridad. En aquel entonces, yo no sabía en lo más mínimo que Dios me amaba y tenía un plan perfecto para mi vida. Yo solo sentía que mi vida era una tragedia constante y jamás existiría un futuro mejor por más que me esforzara. Esos eran mis pensamientos,

y estos pensamientos podrían aun estar rumeando mi vida, pero Dios me llamó por mi nombre y me dijo que yo era la niña de sus ojos y que nunca volvería a sentir esta tristeza tan profunda que me había inundado durante tantos años. Años de mi niñez y adolescencia. Él me llamó y yo le respondí: Aquí estoy, buscando tu abrazo acogedor y que sana cualquier herida del presente y del pasado.

Ahora que soy una joven que está entrando a una edad madura, me doy cuenta de que todas y cada una de esas vivencias que experimenté en esos años pasados, eran necesarios para que el día de hoy yo tenga la oportunidad de ser la persona que soy: "quien verdaderamente soy y la mujer a la que Dios llamó para ser y caminar por su senda". Si hubiese tenido una vida diferente, quizás sería una mujer cobarde que no se atrevería a escribir este libro y decirle a todo el que lo lea, que Dios tiene un plan perfecto para cada uno de sus hijos. Él nos dice: "No me escogieron ustedes a mí, sino que yo los escogí a ustedes y los comisioné para que vayan y den fruto, un fruto que perdure. Así el Padre les dará todo lo que le pidan en mi nombre." (Juan 15:16 NVI)

¿Qué es eso que tanto añoras? ¿Una casa? ¿Una familia? ¿Una mejor posición económica? ¿Mayor seguridad? ¿Tranquilidad? ¿Seguridad en ti mismo/a? ¿Qué tus hijos vayan por caminos rectos? ¿Una segunda oportunidad? ¿Liberarte de las drogas, el alcohol, el pandillerismo? ¿Olvidarte de que has seguido un camino de prostitución? Dios conoce tus necesidades pero Él quiere que confíes en Él, porque tiene planes superiores a los que tu mente maquila. Sus planes son planes para prosperarte en todas las áreas de tu vida. Tú eres parte de su creación y Él es el Rey de reyes. ¿Acaso los hijos de reyes van por la vida como mendigos? Por supuesto que no, a los hijos de reyes se les brindan las mejores cosechas y los mejores frutos. Tienen una vida llena de prosperidad, porque precisamente han sido herederos de la corona real y lo han creído. Pues es tiempo de que tú también lo creas, porque Dios te creó y si lo hizo, fue con un propósito

muy significante. No puedes vivir una vida de mediocridad. Es tiempo de vivir la vida que mereces. Una vida llena de gozo y utilidad donde seas como un árbol plantado a las faldas de un rio, el cual, en su tiempo, rinde fruto en abundancia. Parece difícil de creer. Quizás en este momento te estés preguntando a ti mismo/a, ¿yo? ¿hijo/a de un Rey?. Pues efectivamente, hijo/a de un Rey lleno de poder y vida eterna. Todo esto esperando por ti, para que cuando voltees tus ojos hacia Él y dejes de ignorarle, te des cuenta de todo lo que has dejado ir y no has disfrutado, por no confiarle y hasta desafiarle con incredulidad.

Hace algún tiempo, cuando apenas inicié mi caminar con Dios, una gran amiga mía me comentaba sobre las grandes cosas que estaban sucediendo en la vida de su hermano. Ella me decía que su hermano había pasado por una situación muy tormentosa la cual había culminado con la separación de su matrimonio y la pérdida de su casa la cual tenía un valor superior a los trescientos mil dólares. Esta persona, sufrió grandes decepciones que fueron muy dolorosas, pero precisamente estas experiencias que nadie desearía vivir, fueron las que lo llevaron rendido a los pies de Cristo, esperando recibir misericordia. Para no hacer muy largo este relato, este varón por fin, de tanto suplicio, se decidió a abrir su corazón y a aceptar a Cristo como su único salvador y proveedor. Pasaron un par de meses y su vida dio un giro enorme. Todo lo que parecían cenizas en su vida, se convirtieron en frutos frescos que le llevaron a gozar de la abundancia que Dios le tenía preparada. Pero esta vez, se trataba de una abundancia verdadera. Pasó poco tiempo y empezó a recuperar poco a poco las cosas que había perdido o que mejor dicho, el enemigo le había robado. Y esta parte es muy importante, porque el Señor nos dejó escrito que el enemigo vino a robar, matar y destruir, pero si el enemigo es sorprendido con las manos en la masa, nosotros como co-herederos e hijos del Rey de reyes, tenemos autoridad para reprender al enemigo y ordenarle en el nombre de Jesucristo que nos devuelva siete veces lo que nos ha robado. No sé si esta persona reprendió al enemigo o si alguien más lo hizo, lo único que puedo contarles, es que esta persona al poco tiempo de su devastación emocional y económica, empezó a recobrar fuerzas y pudo comprar otra casa y hasta donde sé, también estaba relacionando emocionalmente, con una buena mujer, con la que ahora, estaba fundando una relación poniendo a Dios como el centro de su vida. Estas son solo un par de eventos importantes que surgieron en su vida, pero me puedo imaginar que han pasado muchas otras cosas más, que no he mencionado en esta narración.

En aquellos días, cuando mi amiga me contaba sobre la transformación tan maravillosa que estaba surgiendo en la vida de su hermano, yo me mostraba escéptica y me decía a mí misma, ¡cómo es posible tanta belleza en tan poco tiempo! Eso es imposible, toma tiempo, toma mucho esfuerzo y dedicación, entre otras muchas cosas. Pero el día de hoy, he podido constatar que todas esas cosas que le habían pasado al hermano de mi amiga, fueron posibles, y aun más, son posibles en la vida de cualquier persona, incluyendo a la mía.

Como ya lo he comentado en capítulos anteriores, he tenido la oportunidad de estar envuelta en muchas actividades culturales y artísticas. Hace algún tiempo un amigo mío hizo una publicación de un libro de poesías de mi autoría. Tiempo después de esto, surgió en mi una gran inquietud, la cual era el escribir un libro y hacer una publicación más formal y seria. En ese entonces, recuerdo que hablé muy seriamente con Dios y le dije lo siguiente: Señor, quiero escribir un libro, pero quiero que tú me guíes y me digas qué puedo escribir porque quiero que sea un buen libro, especial y consistente. Entonces, me dispuse a esperar una respuesta estando sentada al frente de mi computadora, ¡Esperando la guianza del Espíritu Santo! Para ser honesta, creí que me guiaría a escribir un libro que llevaría por título " Mi Pequeña Varón". Esta era una idea que había revoloteado mi mente, sobre la historia de una niña que había crecido en una sociedad machista y que había sido menospreciada por haber nacido siendo *mujer. Cuando oré para recibir inspiración para hacer este proyecto, yo había hecho todo el plan en mi cerebro para dar seguimiento a una idea que me había surgido. Pero como bien dicen por ahí, ten cuidado con lo que le pides a Dios, porque puede dártelo y quizás no estás preparado/a para asimilar una respuesta a tu petición tal como me sucedió al pedirle que me dijera que debía escribir. En fin, estando ahí frente a la pantalla de mi computadora, empecé a sentir un calor intenso que me cubría todo el cuerpo y con ello la respuesta esperada. La respuesta que Dios me dio fue la siguiente: "si quieres escribir un libro, quiero que quebrantes tu soberbia y hables sobre tu caminar conmigo". Y entonces, empezó a brindarme lucidez y recuerdos que me remontaron a diferentes etapas de mi vida y a eventos sobre cómo me fue transformando lentamente y de forma definitiva.*

Muy entusiasmada y (según yo), dispuesta a seguir su voluntad, continué haciendo pequeños escritos, los cuales, poco a poco han ido dando forma a través de este libro. Todo iba muy bien, pero de pronto mi transformación espiritual empezó a alarmar a mi familia. A tal grado, que en alguna ocasión mi padre llegó a comentar:"Hay mija, se me hace que te estás volviendo una fanática". Esto me molestó, me incomodó y me dio gran temor, porque si el hecho de empezar a escuchar estaciones de radio cristianas, ir a la iglesia y sentir paz, me habían convertido en una fanática ante los ojos de mi familia, imagínense si yo les dijera que estaba escribiendo un libro y que Dios me había comisionado para que hablase y diera testimonio sobre mi caminar con Él. Esto sería el acabose y probablemente pensarían que estaba trastornada y en lugar de trabajar como una profesional de la salud mental, ahora necesitaba ayuda urgente para recobrar la cordura y la razón. Créanme que no la pasé bien en lo más mínimo, fue una situación muy difícil, y a partir de esto, mi familia estaba más dividida que nunca. Aparentemente, y de acuerdo con mi familia, yo era la oveja perdida, que necesitaba regresar al rebaño.

Inconscientemente, empecé a alejarme de mi familia y especialmente de mi madre, con quien sostenía una relación muy estrecha en tiempos pasados. Todo esto, me hacía sentir decepcionada y angustiada, porque no era agradable el sentirme rechazada por mi propia familia y catalogada como una fanática que no sabía ni lo quería en la vida. Pero de lo que ellos no se habían dado cuenta, era que ahora más que nunca, había encontrado eso que había buscado por tantos años. Esa paz que solo brinda el desarrollar una relación estrecha y verdadera con Dios, nuestro Padre y Proveedor. Si, nuestro Proveedor porque nos provee de absolutamente todo lo que necesitamos y aun va mas allá de lo que podamos pedirle, porque también en muchas ocasiones, cumple caprichos y hace cosas por nosotros, que son sobrenaturales para el entendimiento humano.

¡Precisamente aquí, hablando sobre lo que Dios nos provee, viene lo mágico de esta historia!. La relación con mi familia se volvía cada vez más pesada y difícil de sobrellevar, por lo que, decidí dejar de escribir por algunas semanas. No podía continuar ni dar testimonio al resto del mundo, si yo estaba en crisis existencial y me sentía hasta cierto punto, peleada con mi familia. Imagínense, que iba a decir una de mis hermanas si algún día leyera este libro, sabiendo que mi relación con mi familia era catastrófica y que yo me había convertido en la hija prodiga por seguir la convicción que Dios había puesto en mi corazón. Seguramente diría lo que en alguna ocasión me dijo: "eres buena onda con otras personas, pero aquí, eres otra cosa". Esto me pondría en ridículo, porque a través de este libro estaría dando testimonio sobre la transformación que había tenido a través de Dios y todo lo que había hecho en mi vida.

De pronto mi paciencia se agotó y hablé por segunda vez, muy seriamente con Dios. La primera vez que lo hice, me indicó que escribiera este libro. Pero ahora mi petición sería algo muy diferente y no estaba segura si su respuesta me gustaría. En esta segunda ocasión, le dije a Dios lo siguiente: No puedo continuar escribiendo este libro, porque las cosas que están pasando no están bien. Por seguirte y obedecerte, mi familia está en mi contra y esto me está matando lentamente. ¡No puedo continuar así! ¡Me siento fracasada como hija y como hermana! Si verdaderamente fuiste Tú quien me indicó que escribiera este libro, y no fue producto de mi imaginación, quiero que me lo demuestres y me regales una casa donde pueda tener un espacio y la tranquilidad suficiente. Donde puede seguir escuchándote y tenga paz nuevamente. Con esto, cerré mi petición y me puse en huelga por un par de meses. En ese tiempo, no escribí nada sobre este libro. Me dediqué a la escuela, al trabajo y la pintura. Cerré este libro en el rincón de la añoranza y empecé a cerrar los oídos para no tener remordimiento de ningún tipo. Ahora sí, me sentía más tranquila y relajada porque, al dejar de escribir el libro, no tendría que dar cuentas sobre lo que escribía y mi familia jamás se enteraría de la existencia de este libro que parecía producto de mi locura. Y así, pasaron cantidad de minutos, horas, días y finalmente meses.

En determinado día, mi madre y yo estábamos sentadas en el comedor, conversando de forma común como lo hacíamos antes del tumulto llamada "Cristo". Entre la conversación me pasó el periódico local, porque ella sabía que me gustaba leerlo ocasionalmente y ver las actividades que se realizan en la comunidad. Dentro del periódico, había un anuncio donde se invitaba a las personas que desearan comprar una casa, a que asistiesen a un taller donde se proveería información sobre los pasos a seguir para poder adquirirla. Me llamó mucho la atención, lo leí y anoté la fecha. Entonces, me dije a mi misma, aunque no puedo comprar una casa porque mi salario no es suficiente, me gustaría recibir la información y quizás en el futuro, me pueda servir. Llegó el día del evento y decidí asistir. Total, no perdería nada con estar informada. Asistí, recibí un paquete de información muy interesante para compradores de primera casa. Firmé como una de los asistentes al taller y anoté la información requerida para seguir recibiendo otra información sobre el mismo tema: como comprar una casa. Pasaron un par de semanas y una de las vendedoras de casas me llamó para saber si estaba interesada en ver algunas casas. Debo confesar que estaba un poco dudosa con respecto a empezar a buscar modelos de casa porque, con mi salario, no alcanzaría a hacer los pagos mensuales que una casa requiere, o por lo contrario, si en determinado momento, calificaba para un préstamo financiero, seguramente podría comprar una casa vieja y semi-destruída, ya que mis ingresos no eran muchos. Le expliqué mi situación a la persona que me llamó y me dijo que me estaba adelantando, que para llegar a esta conclusión, primero tenía que buscar un prestamista para que hiciera una evaluación de mi crédito y determinara que cantidad pudiese prestarme para la hipoteca de una casa. Así pues, tomé el primer paso y la vendedora de casas me recomendó un prestamista con el que ella había estado trabajando durante mucho tiempo. Para mi sorpresa, mi crédito era bastante bueno y probablemente no calificaría para la casa de mis sueños pero si calificaría para comprar una casa modesta. A partir de esto, empecé a buscar otras opciones. La vendedora de casas me llevó a diferentes casas que no me gustaban totalmente, pero pensaba en mis adentros, al menos tendré un rinconcito para estar tranquila y descansar. Después de buscar varias opciones de manera independiente, vi una casa que estaba muy cerca de la casa de mis padres. Era una casa que había sido construida meses atrás pero nunca había sido habitada y estaba nueva. Miré la información que estaba a un lado de la casa, ya que estaba de venta y me decidí a llamar a la persona encargada de la venta de esta casa en especial. Para mi tristeza, la persona me dijo que la casa había sido subastada y ya no estaba en venta, pero si así lo deseaba, ella pudiese mostrarme otros modelos. Le agradecí su amabilidad y acepté su proposición por mostrarme otros modelos. Para esto, me pidió un rango de costos para tener más claro, a lo que podía tener acceso. Entonces, me comentó que iba a imprimir algunos modelos y me los mostraría. Cuando ella los tuviese listos, me llamaría y entonces nos reuniríamos en determinado lugar y así partiríamos para ver los modelos correspondientes. Esperé un par de días y en este tiempo, continué buscando otras opciones. Encontré una casa usada que se asemejaba un poco a la casa que deseaba, e incluso estuve a punto de hacer una oferta por la casa. No cabe duda que la mano de Dios estuvo presenta en este proceso de principio a fin, porque un contratiempo ocurrió y no hice la oferta por esta casa, mas sin embargo, antes de hacer la oferta, la última vendedora de casas a la que consulté, me llamó y me dijo que tenía un modelo que me encantaría. Entonces, nos reunimos y fuimos directamente hacia la casa. Era una casa hermosa, con un terminado muy fino y estético, tal como la había soñado. Era una casa de buen tamaño, a lo que se le sumaba el hecho de que, era una casa totalmente nueva, estaba recién construida, era con un toque muy especial sencillo, pero a la vez de elegancia, con el jardín de enfrente terminado incluyendo un sistema de regado automático para las plantas y el zacate, además de estar bardeada y con garantía de un año. Me entusiasmé mucho al ver esta casa y le dije que estaba muy interesada, mas sin embargo, no estaba segura si estaba dentro de mis posibilidades. Entonces la vendedora sin perder el ánimo, me dijo que no preocupara del todo, que en este momento, había ciertos programas a los que podía aplicar para calificar para el préstamo de la casa. Además de esto, me recomendó otro prestamista, conocido por su sensibilidad ante las necesidades de las personas. Me quedé con la tarjeta del prestamista, le pedí una cita para hablar sobre mi caso, iniciamos la documentación necesaria, aplicamos a un programa específico para que no fuera necesario el dar cierta cantidad inicial para la casa. Esperamos por un par de semanas y hoy en día, un par de meses después de haber asistido a recibir esta información, e iniciar los trámites para la compra de una casa, estoy sentada en mi escritorio que se encuentra en el estudio de mi propia casa, la cual es mucho más, de lo yo pudiese haber tenido acceso con mis propios medios. Eso que parecía imposible porque no ganaba suficiente dinero, Dios lo hizo posible y vaya de que manera tan especial.

Él cumplió mi petición y mi sueño de tener mi propia casa, aún cuando yo le di la espalda al proyecto que Él me encomendó. Yo le dije: Si verdaderamente, me has pedido que escriba este libro, regálame una casa. A lo que Él respondió, mujer de poca fe, aquí está tu casa para que completes mi obra. No seas como Jonás y te escondas, porque yo te encontraré, porque no hay nada que se pueda esconder ante mis ojos y no hay hoja de árbol que se caiga sin que yo lo permita. "Yo soy la vid verdadera, y mi Padre es el labrador. Toda rama que en mí no da fruto, la corta; pero toda rama que da fruto la poda para que dé más fruto todavía. Ustedes ya están limpios por la palabra que les he comunicado. Permanezcan en mí, y yo permaneceré en ustedes. Así como ninguna rama puede dar fruto por si misma, sino que tiene que permanecer en la vid, así tampoco ustedes pueden dar fruto si no permanecen en mi." (Juan 15: 1-4 NVI)

Este caminar con Dios, ha sido la experiencia más maravillosa que he tenido a lo largo de mi vida y no me refiero a esto únicamente porque Dios me ha progresado, sino porque Él me ha mostrado su fidelidad y misericordia a cada instante. Durante días, meses y años, estuve buscando algo que me llenara completamente y saciara mi sed que con nada se apagaba. Entraba a templos cubiertos de oro y no encontraba nada. Buscaba la belleza física, la cual, al terminar el día se agotaba y se escurría junto con el agua mezclada con maquillaje. Lo buscaba en otros seres humanos y solo encontraba más vacios por llenar. Acudía a grandes cantidades de comida que ingería frente al televisor, pero ni la televisión, ni la comida podían llenar mis adentros. Buscaba viajes y aventuras por lugares desconocidos, pero solo me encontraba aún más perdida que al inicio y no pasaba nada. Buscaba títulos que no decían nada, escribía cosas sin sentido y decía cosas sin pensar o valorar. Hasta que un día Dios se cansó de buscarme y me dijo: ¡Es suficiente!. Deja de hacerte daño. Ese no es mi plan. Entonces me sacó de un lugar de comodidad y me trajo al desierto. No solamente al desierto terrenal, sino al desierto de mi vida. Porque solo aquí logré escucharle y abrirle mi corazón para sanar completamente. Muchas veces me he preguntado ¿Por qué yo, si he sido tan torpe, tan cerrada, tan frágil y a veces temerosa? Le he preguntado muchas cosas, pero la mejor respuesta que me ha dado es: Porque eres la niña de mis ojos. Mi creación. Yo te separé del mundo y te elegí para mí y para mi obra. Quería que fueras diferente al resto del mundo. Te permití que sufrieras, no porque quisiera lastimarte sino porque, aquella rama que da fruto la podo más, para que dé aun mas fruto. Un fruto verdadero que no viene de este mundo, sino del Padre.

Ahora puedes entender el porqué de tus porqués y cuál era mi plan. Cada vez que estabas triste, yo estaba contigo. Siempre que lloraste, yo secaba tus lágrimas y siempre que te causabas lastimaduras, me lastimabas a mí también, pero yo curaba tus heridas. Yo te enseñé a dar tus primeros pasos y puse en ti tus primeras ideas y todos y cada uno de tus sueños. Nunca estuviste sola y jamás lo estarás porque yo soy tu Pastor y tú eres mi oveja. Siempre he caminado contigo de manera suave, sin que te dieras cuenta, pero hoy, yo ya no solo camino contigo, sino que tú también caminas conmigo y caminaremos juntos hasta nuestro encuentro final. Donde no buscarás mas mi rostro, sino que mi rostro permanecerá en ti, grabado como en roca.

Así como Dios ha sido mi roca y mi salvación, Él también lo quiere ser para ti. En este momento Él quiere decirte: Acércate a mí, que desde hace mucho tiempo, he preparado este momento. También debes de saber que si este libro ha llegado a tus manos, no es por coincidencia o por curiosidad porque al igual que a mí, Dios hoy quiere decirte ¡Basta!

Quiero dejar de caminar contigo, porque ahora quiero que caminemos juntos. Paso a paso y hombro a hombro. Quiero que reconozcas mis caminos y disfrutes del banquete que te he preparado. El llenarte de su presencia es una sensación inexplicable. Ningún escritor podrá describirla porque es indescriptible. Pero tú también has sido invitado para ser parte de su plan y es mucho más sencillo de lo que te puedas imaginar. Si estás listo para recibirle, solo has esta oración y permite que Él obre en tu vida:

Señor:

Reconozco que he pecado contra ti y contra tus planes. No soy digno/a de tu perdón, mas sin embargo, tú eres un Dios de amor, perdón y misericordia. En este momento pongo en tus manos mi vida, todo lo que soy y todo para lo he sido llamado/a a hacer. Reconozco que solo hay un Dios verdadero quien me creó y me llamó por mi nombre aun antes de nacer. Confieso que no puedo hacer nada separado/a de ti y que tu enviaste a tu hijo muy amado, Jesucristo para lavar y perdonar mis pecados. Sé que el hombre me puede fallar, pero tú no eres una religión sino mi Dios y Salvador, y aunque mi madre y mi padre se olvidasen de mi, tu estarás por siempre y para siempre guiándome y dándome tu infinita paz. Te acepto como mi Señor y Salvador desde ahora y para siempre AMEN.

Voz de mi Señor

Ayer cambié de planes,

Comí fuerza activadora para aliviar los males.

Escuché la voz de mi Señor.

Aplaqué mi estado mental distraído,

Dejé de vacilar entre la esperanza y el temor.

Silencié mi cabeza y busqué en mi corazón.

Escribí la historia que arroja luz ante la duda.

Reprendí mis ojos al espíritu del mundo,

Contemplé en mi propio cuerpo,

La voz de mi Señor.

Notas

Notas

Notas

Notas

Notas

Notas